KB266991

한일 병원
통역사 교육서

한일 병원 통역사 교육서

현장에서 바로 쓰는 통역 매뉴얼

이윤혜 지음

좋은땅

서문

해외에서 한국 병원을 찾는 환자가 빠르게 늘고 있습니다.

높은 의료 수준, 신속한 치료, 그리고 합리적인 비용 덕분에 '한국 의료'는 이제 하나의 목적지(destination)가 되었습니다.

하지만 언어와 문화의 간극은 여전히 큽니다.

치료 설명의 한 줄, 동의서의 한 문장, 복약 지시의 숫자 하나가 제대로 전달되지 않으면 환자는 불안해지고, 의료진도 최선의 결정을 내리기 어렵습니다. 그 사이를 정확하고 따뜻하게 잇는 존재가 바로 병원 통역사입니다.

저는 원래 어학 강사로 일하다가, 일본 환자를 위한 통번역 겸 코디네이터로 병원에 첫 출근했던 날을 아직도 기억합니다. 익숙했던 교실과는 전혀 다른 현장, 눈앞의 환자와 의료진 사이에서 무엇부터 해야 할지 막막했습니다.

'어디에 서서 대기해야 할까?'

'지금 이 타이밍에 통역을 해도 될까?'

'이 상황에서 가장 적절한 단어는 뭘까?'

'처음 듣는 전문용어가 나왔는데, 어떻게 대응해야 할까?'

그때 느꼈던 당혹스러움과 긴장감은 지금도 제 통역의 출발점이 되어 있습니다. 그 후로 수많은 상담과 수술 현장을 함께하며 저는 늘 같은 질문을 스스로에게 던졌습니다.

'병원통역에서 중요한 건 무엇일까?'

'어떻게 하면 더 쉽게 설명할 수 있을까?'

'무엇부터 확인해야 실수를 줄일 수 있을까?'

'이 불만내용을 어디까지 전달해야 하는 걸까?'

그 고민의 끝에서 깨달은 것은, 누구나 바로 참고할 수 있는 실무 중심의 가이드가 필요하다는 점이었습니다.

이 책은 그런 필요에서 시작되었습니다.

전문 용어를 나열하기보다, 현장에서 실제로 사용하는 문장·절차·체크리스트에 집중했습니다.

처음 시작하는 분이라면 첫날부터 실전에 활용할 수 있고, 이미 일하고 있는 분이라면 빠르게 점검하고 보완할 수 있도록 구성했습니다.

그리고 무엇보다 이 책은, 일본에서 한국까지 의료서비스를 받기 위해 찾아오는 환자분들에게 안심을 전하고, 한국 병원에도 도움이 되는 통역사가 되고자 하는 마음으로 집필되었습니다.

이 작은 책이, 저처럼 현장에서 길을 찾고 있는 누군가에게 조금이라도 든든한 출발점이 되기를 바랍니다.

목차

제1부 | 의료 통역 이론편

제2부 | 통역 실무편(온라인 상담)

이 책이 다루는 내용

이 책은 한·일 의료 통역사로 활동하기 위해 반드시 알아야 할 **기본 소양과 실무 지침**을 담고 있습니다.

단순한 언어 전달을 넘어, 의료 현장에서 **환자와 의료진의 신뢰를 잇는 다리**가 되기 위한 마음가짐과 태도를 중심으로 구성했습니다.

주요 내용

• 의료 통역사의 역할과 책임

의료 현장에서 통역사가 맡는 역할, 윤리 기준, 비밀 유지 원칙을 구체적으로 설명합니다.

• 통역 시 유의사항

실제 진료 상황에서 발생할 수 있는 오역과 누락을 방지하기 위한 기술적 포인트를 정리했습니다.

• 의료진과의 협업 및 역할 분담

의사, 간호사 등 의료진과 원활히 협력하기 위한 커뮤니케이션 방법을 제시합니다.

• **팀워크와 소통 스킬**

신속하고 정확한 정보 전달을 위한 팀 내 협력 태도와 실무 소통 방식을 소개합니다.

• **상황별 통역 대응법**

수술 전후 설명, 회복기 안내, 응급 상황 등 다양한 케이스별 통역 예시를 실었습니다.

• **진료에 필요한 전문 용어 정리**

실제 현장에서 자주 쓰이는 한·일 의학 용어를 분야별로 정리하여 바로 참고할 수 있습니다.

이 책은 의료 통역사로서의 **전문성과 신뢰성**을 함께 성장시켜 주는 실무 가이드입니다.

현장에서 바로 도움이 되는 **구체적인 문장과 실제 사례**를 중심으로, 통역사가 스스로 성장할 수 있는 기반을 제공합니다.

무엇보다, 사람과 사람을 잇는 **소통의 힘은 쉽게 대체되지 않습니다.**

특히 의료 현장에서 통역사는 정확함과 함께 **따뜻함을 전하는 존재**입니다.

이 책이 통역사의 하루를 조금 덜 긴장되게, 그리고 환자의 하루를 조금 더 안심되게 만드는 작은 힘이 되기를 바랍니다.

제1부

—

의료 통역 이론편

제1장

병원 근무자의 기본 마음가짐과 태도

1. 의료 통역사의 역할과 책임

1) 의사의 설명을 정확히 전달하기

의료 통역사는 의사와 환자 사이의 다리 역할을 합니다.
통역의 핵심은 '정확성'입니다.

의사가 환자에게 설명하는 내용은 진단과 치료 방향에 직접적으로 연결되므로, 작은 왜곡이나 누락도 환자의 치료 결과에 큰 영향을 줄 수 있습니다.

- 좋은 예시:
  - 의사: "이 약은 하루 세 번, 식후에 드세요."
  - 통역사:「この薬は1日3回、食後に服用してください。」
- 나쁜 예시:
  - 통역사:「この薬は1日3回服用してください。」(→ 식후 복용이라는 중요한 정보 누락)

통역사는 항상 원문을 그대로 전달하는 것을 원칙으로 하며, 이해되지 않는 부분은 반드시 의료진에게 확인 후 환자에게 설명해야 합니다.

2) 환자의 불안 완화 돕기

병원을 찾는 환자는 신체적 불편뿐 아니라 언어 장벽 때문에 심리적 불안도 큽니다.

통역사는 단순히 말을 옮기는 역할을 넘어, 환자가 '이해받고 있다'는 감각을 가질 수 있도록 돕는 조력자입니다.

- 환자의 표정과 어조를 관찰하여 불안감이 클 경우, 의료진에게 전달합니다.
- 환자가 의학 용어를 이해하지 못하면, 의료진의 설명을 쉬운 표현으로 다시 설명해 달라고 요청합니다.

2. 기본 태도

1) 존중과 예의

환자와 의료진 모두를 존중하는 태도는 통역사의 기본입니다.

특히 외국인 환자는 언어뿐 아니라 문화적 차이로 인해 쉽게 위축될 수 있으므로, 존칭과 예의를 지켜야 합니다.

2) 중립성 유지

통역사는 판단자가 아니라 전달자입니다.

개인 의견이나 조언을 더하지 않고, 환자와 의료진의 의사소통만을 정확히 이어 주는 것이 원칙입니다.

3) 신뢰 형성

환자는 통역사의 말을 통해 의료진을 이해합니다. 따라서 통역사가 신뢰받지 못하면 의료진에 대한 신뢰도 약해질 수 있습니다.

일관성 있는 태도와 정확한 전달이 신뢰의 출발점입니다.

4) 비밀 보장

의료 현장에서 알게 된 모든 환자 정보는 철저히 보호해야 합니다.

환자의 병력이나 사생활을 사적인 대화에서 언급하는 것은 엄격히 금지됩니다.

3. 외국인 환자 응대 시 유의사항

① 언어 장벽에 대한 배려: 속도를 조절하고 짧은 문장을 사용합니다.

② 문화적 차이 존중: 의사 결정 과정(가족 동의 여부 등)을 존중합니다.

③ 비언어적 의사소통 활용: 제스처, 시각 자료를 적극 활용합니다.

④ 통역사의 역할 적극 활용: 환자가 통역사에게만 말하려 할 때는, 의료진과 직접 대화할 수 있도록 연결해 줍니다.

⑤ 친절한 첫인상과 마무리: 따뜻한 인사와 명확한 안내로 신뢰를 높입
니다.

4. 상황별 대처 방법

- 예약 접수 시: 기본 인적사항, 연락처, 증상 등을 정확히 확인합니다.
- 진료 접수 및 대기: 대기 시간과 절차를 안내하여 환자가 불안하지 않
도록 돕습니다.
- 진료 중: 환자의 말을 그대로 전달하되, 모호한 부분은 반드시 의료진에
게 확인합니다.
- 수납 및 귀가 안내: 비용, 보험, 복약 지도 내용을 빠짐없이 전달합니다.
- 불만 및 민원 응대: 환자의 불만을 감정적으로 대응하지 않고, 정확히
기록 후 전달합니다.

5. 요약

- 의료 통역사는 의료진과 환자 사이에서 정확하고 중립적인 소통의 다
리가 되어야 한다.
- 환자의 불안 완화, 존중과 예의, 비밀 보장은 통역사의 기본 태도이다.
- 외국인 환자의 언어·문화적 차이를 존중하며, 상황별로 적절한 대처가
필요하다.

제2장

의료진과의 협업

1. 의사, 간호사, 통역사 간의 역할 분담

1) 의사의 역할

의사는 환자의 진단과 치료 계획을 수립하고 이를 환자에게 설명합니다.
치료 방향은 반드시 의사의 전문적 판단에 의해 결정되며, 환자는 이를
통해 신뢰를 형성합니다.

2) 간호사의 역할

간호사는 환자의 상태를 지속적으로 관찰하고 의사의 지시에 따라 치료
와 간호를 수행합니다.
또한 환자의 기본적 요구를 지원하여, 병원 생활이 원활하게 진행되도록
합니다.

3) 통역사의 역할

통역사는 의료진의 설명을 환자에게 정확하고 중립적으로 전달합니다.
환자의 질문과 감정을 의료진에게 전달하되, 의학적 판단이나 개인적 조

언을 추가하지 않습니다.

4) 역할 혼동 방지

역할이 혼동되면 환자는 혼란과 불안을 느낄 수 있습니다.

따라서 통역사는'내 역할은 소통의 다리'라는 점을 항상 명확히 인식해야

합니다.

2. 팀워크와 원활한 커뮤니케이션

환자는 의사·간호사·통역사가 한 팀처럼 움직일 때 안정감을 느낍니다.

1) 팀워크의 중요성

좋은 의료 서비스는 팀워크에서 시작됩니다.

의료진과 행정 직원은 서로의 전문성을 존중하고, 환자를 중심에 둔 같은

메시지·같은 우선순위로 움직여야 합니다. 각자의 역할은 겹치지 않고

맞물리도록 설계합니다.

2) 핵심 정보 공유(짧은 인수인계·메신저 중심)

짧고 동일한 포맷으로 공유하면 누락을 줄일 수 있습니다.

- 원칙: 한 문장 1정보 + 숫자 중심 + 다음 단계 명시
- 개인정보: 공용 채널엔 이니셜/부분 표기, 불필요한 신상은 배제

<u>10초 인수인계(3줄 규칙)</u>

① 환자: ○○ / JP

② 11시 실장님 상담 대기중

③ 특이사항: 2시에 다음 일정 있으심

3) 통역사와의 사전 협력

해외 환자를 만나기 전에 원내 용어를 파악하고 설명 순서를 맞춰 두면
빠뜨림과 오해를 크게 줄일 수 있습니다.

통역사의 준비 — 체크리스트

환자 핵심 정보(이름/생년월일/희망사항)

체크리스트

□ 설명을 알기 쉽게 말하기

□ 비용·시간·주의사항을 구두와 메시지로 전달하기

□ 이해 확인 질문하기

□ 환자의 마지막 질문 여부 확인하기

□ 다음 단계(날짜·연락처)를 문자로 보내 주기

3. 다국적 환자 대응을 위한 언어 및 문화 차이 이해

1) 언어 차이

언어마다 뉘앙스가 달라 같은 의미도 다르게 전달될 수 있습니다.
따라서 의료진과 통역사는 함께 협력하여 환자가 정확히 이해할 수 있도록 해야 합니다.

- 예시:

한국어 "괜찮습니다"는 긍정('좋다') 또는 거절('필요 없다')의 뜻으로 모두 쓰입니다.
→ 통역 시 반드시 맥락을 명확히 하여 혼선을 줄여야 합니다.

2) 문화 차이

환자에 따라 의사 결정 방식, 신체 접촉, 종교적 신념 등이 다릅니다.
예를 들어, 어떤 환자는 가족과 상의하지 않으면 결정을 내릴 수 없습니다. 의료진은 이러한 문화 차이를 존중해야 합니다.

3) 문화적 민감성

환자의 문화적 배경을 존중하는 태도는 신뢰 형성에 큰 영향을 미칩니다.
의료진이 환자의 문화를 존중한다고 느낄 때, 환자는 치료에도 더 적극적으로 협조하게 됩니다.

4. 통역 시 주의사항

① 중립성 유지: 의료진의 말을 축약하거나 의견을 덧붙이지 않습니다.

② 정확성: 모르는 용어는 반드시 확인 후 전달합니다.

③ 비밀 보장: 환자의 개인정보는 철저히 보호합니다.

④ 시선 처리: 의료진과 환자가 직접 대화하도록 돕습니다.

5. 요약

• 의사, 간호사, 통역사의 역할은 명확히 구분.

• 의료진과의 협업에서 팀워크와 커뮤니케이션은 필수적.

• 다국적 환자 응대에서는 언어와 문화 차이를 존중하는 태도가 중요.

• 통역 시에는 항상 중립성·정확성·비밀 보장·시선 처리를 지켜야 함.

제3장

공통 실무 교육

1. 접수 및 예약 관리

내원한 외국인 환자의 병원 첫 인상은 접수 과정에서 결정됩니다.
통역사는 환자가 혼란 없이 예약·접수 절차를 이해하도록 돕는 역할을
합니다.

• 실무 포인트
  - 환자의 기본 인적사항(이름, 생년월일, 연락처)을 정확히 확인한다.
  - 예약 시 필요한 정보(상담부위, 선호 시간)를 빠짐없이 전달한다.
  - 예약 변경·취소 규정을 명확히 안내한다.

2. 진료 전 기본 질문(병력, 알레르기, 복용 약)

진료 전 기초 정보 확인은 치료 안전과 직결됩니다.
통역사는 환자의 중요한 정보를 빼놓지 않고 의료진에게 전달할 수 있도

록 돕습니다.

- 실무 포인트
  - 병력(이전에 앓았던 질환, 수술 이력)을 확인한다.
  - 알레르기 여부(약, 음식, 환경 요인)를 반드시 확인한다.
  - 현재 복용 중인 약의 이름과 용량을 전달한다.

3. 비용 안내 및 동의서 설명

비용과 동의서는 환자가 가장 민감하게 여기는 부분 중 하나입니다.
통역사는 환자가 비용 구조와 치료 동의 내용을 충분히 이해했는지 확인
해야 합니다.

- 실무 포인트
  - 치료·시술·수술 비용을 구체적으로 안내한다.
  - 보험 적용 여부와 본인 부담금을 명확히 설명한다.
  - 동의서의 주요 항목(위험성, 합병증, 대체 치료법)을 빠짐없이 통역한다.

4. 시술, 수술 전·후 주의사항 전달

시술과 수술은 준비와 회복 과정이 치료 결과에 큰 영향을 미칩니다.

통역사는 수술 전·후 주의사항을 환자가 제대로 이해했는지 확인해야 합니다.

• 실무 포인트
 - 시술·수술 전 금식, 복용 중단 약물 안내
 - 수술 후 관리(상처 부위 청결, 약 복용, 활동 제한)
 - 재진 일정 및 응급 시 연락처 안내

5. 응급상황 대처 및 보고 체계

응급상황에서는 통역사의 침착한 대처가 환자의 생명과 직결될 수 있습니다.

• 실무 포인트
 - 환자의 증상(통증, 호흡 곤란, 의식 변화)을 즉시 의료진에게 알린다.
 - 환자와 보호자의 불안을 완화시키며 의료진 지시에 협조하도록 돕는다.
 - 보고 체계를 준수하여 정확히 상황을 전달한다.

6. 요약

• 접수·예약 단계부터 환자가 혼란 없이 이해할 수 있도록 돕는다.

- 진료 전 기본 질문은 안전한 치료의 기초이므로 반드시 빠짐없이 확인한다.
- 비용 안내와 동의서는 환자의 권리와 직결되므로 명확히 설명한다.
- 시술, 수술 전·후 주의사항은 결과에 큰 영향을 미치므로 철저히 전달해야 한다.
- 응급상황에서는 침착하게 보고 체계를 따르고, 환자의 안전을 최우선으로 한다.

제4장

통역 실무 핵심

1. 통역 기법

1) 순차 통역

순차 통역은 화자가 말을 멈춘 뒤 통역사가 발언을 전달하는 방식입니다.
의료 현장에서 가장 흔히 사용되며, 정확성과 이해도가 높습니다.

- 실무 포인트
  - 짧은 단위로 끊어 달라고 요청할 수 있다.
  - 핵심 단어와 수치를 빠짐없이 기록한다.
  - 의료진의 설명 구조를 유지한다.
- 사례
  - 의사: "이 약은 하루 세 번, 식후에 드세요."
  - 통역사:「この薬は1日3回、食後に服用してください。」

2) 동시 통역

동시 통역은 화자의 발언과 거의 동시에 통역하는 방식입니다.

응급 상황이나 회의, 설명회 등에서 활용됩니다.

다만 집중력이 크게 요구됩니다.

- 실무 포인트
  - 짧고 명확한 문장으로 전달한다.
  - 중간에 놓친 부분이 있으면 즉시 "잠시만 다시 말씀해 주시겠습니까?"
    라고 요청한다.

3) 메모 기법과 기억력 훈련

순차 통역에서는 메모가 필수입니다.

단, 문장을 모두 적는 것이 아니라 핵심 단어·기호·약어를 활용합니다.

기본 심볼 예시

- ↑/↓ : 상승/하강
- 1×/2×/3× : 1일 1/2/3회
- NPO : 금식(Nil Per Os)
- PRN : 필요 시(pro re nata)
- s/p : ~후(status post)
- □ : 알레르기
- ◎ : 중요
- → : 결과/권고
- ≈ : 유사/대체
- Ⓡ : 재진

- "bid" → 하루 두 번(bis in die)
- "↑BP" → 혈압 상승(Blood Pressure ↑)
- "NPO" → 금식(수술/시술 전 안내 시 필수)
- "q6h" → 6시간마다(every 6 hours)
- "Hx DM" → 당뇨 병력 있음(History of Diabetes Mellitus)
- "Rx" → 처방
- "Fx" → 골절(Fracture)

이런 메모법은 개인 기호는 가능하지만, 오해가 없도록 자신만의 "메모 규칙표"를 만들어 두고 일관되게 쓰는 것이 중요합니다.

4) 전문 용어 처리법

의학 용어는 정확한 전달이 필수입니다.

모르는 용어는 추측하지 말고 반드시 의료진에게 확인합니다.

여기서 잠깐!

순차통역 잘하는 10가지 팁

1) 기본 원칙 5

(1) 정확성 〉 유창성: 매끄럽게 말하려다 정보 빠뜨리지 않기.

(2) 숫자·단위·고유명사 우선 기록(시간, 용량, 날짜, 약 이름).

(3) 중립성 유지(의견·추측 금지).

(4) 말한 만큼만 통역(추가 설명·요약 과도 금지).

(5) 원 발화 구조 살리기(원인 → 결과, 지시 → 주의 등 순서 유지).

2) 3분 준비 루틴

- 1분: 오늘 나올 법한 핵심 단어 5개 떠올리기(예: 용량, 금식, 알레르기, 재진, 복약).

- 1분: 메모 심볼 5개만 재확인(아래 참고).

- 1분: 끊기 요청 문장 암기(아래 "현장용 문장").

3) 현장 스킬(말 흐름 관리)

- 끊기 요청

  - KR: "한두 문장씩 끊어 말씀해 주시면 정확히 전달할 수 있습니다."

  - JP:「1~2文ごとに区切っていただけると正確にお伝えできます。」

- 다시 확인

  - KR: "지금 부분을 한 번만 다시 말씀해 주실 수 있을까요?"

  - JP:「今の部分をもう一度お願いできますか。」

- 확인 질문

  - KR: "제가 제대로 이해했는지 핵심만 다시 정리하겠습니다."

  - JP:「きちんと理解できているか、ポイントをもう一度まとめますね。」

4) 내용 구조 잡기(5W1H + 이유/지시/주의)

- 누가/언제/얼마나 먼저 → 무엇을/어떻게/왜.

- 의사 설명이 길면 번호 매기기: "첫째…, 둘째…".

5) 숫자·고유명사 안전장치

- 반복 확인: "용량 500mg, 하루 3회 맞습니까?"
- 철자·날짜는 큰소리로 또박또박 재확인

6) 실수 줄이는 회복 문장

- KR: "방금 '당일 금식'이 아니라 '전날 24시 이후 금식'으로 정정합니다."
- JP:「訂正します。前日の24時以降の絶食です。」

7) 목소리·속도·시선

- 속도: 화자보다 조금 느리게, 문장 끝 하강.
- 호흡: 4초 들이마시고 6초 내쉬기(긴장 완화).
- 시선: 발화자의 눈 → 메모 → 청자 순으로.

8) 10분 연습 루틴(혼자 가능)

(1) 뉴스/병원 안내문 3문장 듣고 메모만으로 재구성(5분).

(2) 숫자·지시 포함 문장 30초 덩어리 듣고 통역(3분).

(3) 스스로 Teach-back: 핵심 3개 포인트 말하기(2분).

9) 현장 미니 체크리스트

☐ 한두 문장씩 끊게 요청했다

☐ 숫자·고유명사 정확히 받았다(두 번 확인)

☐ 애매할 땐 재확인했다(추측 금지)

2. 의료통역 시 주의사항

① 중립성 유지: 의학적 판단을 대신 내리지 않는다.

② 정확성: 불확실하면 반드시 확인한다.

③ 비밀 보장: 환자 개인정보는 절대 외부에 누설하지 않는다.

④ 시선 처리: 의료진과 환자가 직접 대화할 수 있도록 연결한다.

3. 언어별 주의 포인트

1) 일본어 환자

- 존칭·완곡 표현: "少し/大丈夫"은 실제 강한 불편일 수 있음 → 수치화로 요청하기(통증 0-10).
- 용어 오용 주의: 手術(수술) vs 施術(시술), 麻酔 종류(局所/全身).
- 의사결정: 가족 동의·상담을 중시 → 당일예약결정에 거부감을 느낌, 일정·동의서에 여유 시간 필요.

2) 영어권 환자

- Plain Language 선호: 전문용어 대신 쉬운 단어로 전달 선호.
- AM/PM·월/일 표기 혼선 방지(3/7 = 3월 7일인지 7월 3일인지) → 월을 철자로: "Mar 7".
- Allergy vs Side effect 구분 강조.

3) 중국어권 환자(필요시 포함)

- 비용·효과 직설적인 화법, 질문 많음 → 항목별 꼼꼼한 견적으로 신뢰 확보가 중요.
- 가족 의사결정 비중 큼 → 동의 설명 시 제3자 참여 안내.

4. 요약

- 통역 기법에는 순차 통역, 동시 통역, 메모 기법이 있으며 의료 현장에 맞게 활용해야 한다.
- 통역 시에는 중립성·정확성·비밀 보장·시선 처리를 철저히 지켜야 한다.
- 롤플레잉 연습은 실제 현장에서 즉시 적용할 수 있는 실습 훈련이다.
- 언어별·문화별 차이를 이해하면 환자의 신뢰를 높일 수 있다.

제5장

윤리와 프로페셔널리즘

1. 환자 프라이버시 보호

의료 통역사는 환자의 개인정보와 진료 내용을 철저히 비밀로 지켜야 합니다.

통역 과정에서 알게 된 환자의 병력, 가족사, 경제적 상황 등은 진료 목적 외에는 절대 공유해서는 안 됩니다.

- 사례
- 통역사가 환자의 병력을 동료에게 사적으로 이야기하는 것은 환자의 권리를 침해하는 심각한 윤리 위반입니다.
- 의료 현장에서 통역사는 환자와 의료진 모두에게 '신뢰할 수 있는 사람'으로 인식되어야 합니다.

2. 의료진과 환자 사이 중립성 유지

통역사는 어느 한쪽의 편을 들어서는 안 됩니다.
의사의 설명을 축약하거나 환자의 의사를 과장해서 전달하면 치료 방향
에 왜곡이 생길 수 있습니다.

- 사례
- 환자가 "수술을 원하지 않아요"라고 했을 때, 통역사가 "환자가 조금 망
  설이고 있습니다"라고 표현을 약화시키면, 환자의 의사가 의료진에게
  정확히 전달되지 않습니다.

3. 감정적 개입 방지

환자의 고통이나 분노에 지나치게 공감해 의료진을 비난하거나, 반대로
환자를 나무라는 태도를 보여서는 안 됩니다.
통역사는 감정을 배제하고 전달자의 위치를 유지해야 합니다.

- 사례
- 환자가 "왜 이렇게 치료가 늦습니까?"라고 화를 낼 때, 통역사가 감정적
  으로 대응하지 않고 그대로 의료진에게 전달해야 합니다.

4. 윤리적 딜레마 상황 대응

1) 환자 vs 보호자 요구 불일치

환자는 수술을 원하지 않는데 보호자가 강하게 원할 경우, 통역사는 반드시 양측의 의견을 있는 그대로 전달하고, 최종 결정은 의료진과 환자에게 맡겨야 합니다.

2) 의료진이 환자에게 알리지 말라고 했을 때

중요한 의학 정보를 의료진이 환자에게 숨기려 할 경우, 통역사는 혼자 결정을 내리지 말고 의료진과 협의해야 합니다. 통역사가 독단적으로 판단해서는 안 됩니다.

3) 환자가 문화적 이유로 설명을 거부할 때

종교적·문화적 이유로 환자가 치료 설명을 거부할 경우, 통역사는 의료진에게 그대로 전달하고 환자의 의사를 존중하도록 돕습니다.

5. 전문 통역사로서의 성장

의료 통역사는 단순한 언어 전달자가 아니라, 전문성을 지속적으로 개발하는 직업인입니다.

- 정기적으로 의료 용어와 새로운 시술법을 학습한다.

- 다른 통역사와 사례를 공유하며 피드백을 받는다.
- 통역 경험을 기록하고 자기 성찰을 통해 발전한다.

6. 요약

- 환자의 개인정보 보호는 의료 통역사의 기본 윤리이다.
- 통역사는 의료진과 환자 사이에서 항상 중립적이고 객관적인 위치를 지켜야 한다.
- 감정적 개입을 피하고, 윤리적 딜레마 상황에서는 독단적 결정을 피해야 한다.
- 전문성을 유지하고 발전시키는 것이 프로페셔널 통역사의 길이다.

제6장

통역사의 자기관리와 성장

1. 감정 관리와 스트레스 대처

의료 현장은 긴급 상황과 감정적으로 무거운 대화가 잦습니다.
통역사는 환자의 불안, 의료진의 압박, 긴박한 분위기 속에서 흔들리지 않고 심리적 안정을 유지해야 합니다.

• 실무 포인트
  - 환자의 감정을 과도하게 흡수하지 않고, '전달자'의 역할을 지킨다.
  - 짧은 호흡법, 간단한 스트레칭 등 즉각적인 긴장 완화법을 익힌다.
  - 감정이 쌓였을 때는 동료와 경험을 공유하며 해소한다.

• 사례

환자가 울면서 "제가 생각했던 코 모양이 아니라서 너무 괴로워요. 언제 재수술 가능한가요?"라고 말했을 때, 통역사가 감정에 흔들리면 정확한 통역이 어려워집니다. 이럴 때는 감정을 분리하고 의료진의 답변(재수술 가능 시점·조건, 부기/조직 회복 기간, 사전 평가 절차 등)을 그대로 전달해야 합니다.

2. 번아웃 예방과 회복

통역사는 정신적·육체적 소모가 큰 직업입니다.
번아웃을 예방하는 것은 병원 통역업무를 지속하기 위한 핵심입니다.

예방 방법

• 일정 관리: 연속된 통역 업무가 과중하지 않도록 조율한다.

• 휴식 확보: 업무 후 충분한 수면과 회복 시간을 가진다.

• 자기 보상: 작은 성취에도 스스로를 격려한다.

• 감정 분리: 환자의 불안이나 감정에 과도하게 이입하지 않고, 객관
  적·중립적인 태도를 유지한다.

회복 방법

• 균형 잡힌 생활: 업무 외 활동(취미, 운동 등)으로 긴장을 풀고 정신적
  균형을 유지한다.

• 감정소모 완화: 컴플레인 응대 시 개인적인 감정과 분리해, 상황 중심으
  로 대응한다.
  (예: "감정이 아니라 사실과 절차에 집중한다"는 원칙 유지)

• 전문 지원 활용: 필요 시 상담이나 코칭을 통해 정서적 회복을 돕는다.

3. 음성 · 발성 · 체력 관리

통역은 목소리와 체력이 중요한 도구입니다.

하루 종일 통역 업무 후 목이 쉬는 경우가 많습니다. 이는 올바른 호흡·발성 습관이 부족한 결과로, 평소 훈련이 필요합니다. 꾸준한 자기 관리 없이는 장시간 통역 시 음성 손상이나 체력 저하가 발생합니다.

• 실무 포인트
  - 물을 자주 마셔 성대를 보호
  - 일정한 발성 훈련(낭독, 발음 교정)
  - 규칙적인 운동으로 체력을 유지

4. 학습 습관과 기록 관리

의료 분야는 새로운 시술과 용어가 끊임없이 등장합니다. 통역사는 지속적 학습자의 자세를 가져야 합니다.

• 방향 제안
  - 새로운 의학 용어를 들을 때마다 개인 용어집에 기록한다.
  - 현장 경험을 사례 노트에 정리하여 반복 학습한다.
  - 정기적으로 스터디 그룹이나 세미나에 참여한다.

5. 지속적 전문성 개발

통역사는 단순한 기술자가 아니라 전문인으로 성장해야 합니다.

- 방향 제안
  - 의료 통역 관련 자격증 취득
  - 학회·세미나 참석을 통한 최신 지식 습득
  - 다국적 환자 대응을 위한 외국어 능력 확장
  - 전문 분야(피부과, 성형외과, 내과 등)별 특화 지식 강화

6. 요약

- 감정 관리와 스트레스 대처는 의료 통역사로서 장기 활동의 기본이다.
- 번아웃을 예방하고 회복하는 습관을 갖는 것이 중요하다.
- 목소리와 체력은 통역사의 핵심 자산이므로 꾸준한 관리가 필요하다.
- 기록과 학습 습관은 전문성을 유지하는 가장 확실한 방법이다.
- 지속적인 자기 개발은 통역사를 "전문가"로 성장시킨다.

제7장

평가와 피드백

1. 자기 평가 체크리스트

자기 평가는 학습자가 스스로 강점과 약점을 파악하는 과정입니다. 통역을 마친 후 반드시 정확성·중립성·태도를 기준으로 돌아보아야 합니다.

• 실무 포인트

  - 녹음이나 녹화를 통해 자신의 통역을 다시 들어본다.

  - 체크리스트를 활용해 항목별로 점검한다.

  - 잘된 부분과 개선할 점을 구체적으로 기록한다.

• 예시 체크 항목

□ 의료진과 환자의 말을 빠짐없이 전달했는가?

□ 모르는 용어는 확인 후 통역했는가?

□ 중립성을 유지했는가?

□ 환자와 의료진의 시선을 자연스럽게 연결했는가?

2. 동료 피드백 방법

동료 피드백은 서로의 실습을 관찰하고 건설적으로 조언하는 과정입니다.

- 실무 포인트
  - 비판보다 개선 방안 중심으로 피드백한다.
  - 잘한 점 → 부족한 점 → 개선 제안 순으로 전달한다.
  - 서로의 피드백을 기록해 다음 실습에 반영한다.

- 사례
  - 잘한 점: "환자의 감정을 차분히 전달해서 좋았습니다."
  - 부족한 점: "전문 용어를 두 번 정도 놓쳤습니다."
  - 제안: "용어는 메모 기법을 더 활용하면 좋겠습니다."

3. 교육 현장에서의 평가 기준

교육 과정에서는 통역사의 실력을 객관적으로 평가하기 위한 기준이 필요합니다.

- 평가 항목
① 정확성: 발언 누락·왜곡 여부
② 중립성: 개인적 의견 개입 여부

③ 태도: 존중, 예의, 비밀 보장 준수

④ 전달력: 발성, 속도, 시선 처리

⑤ 전문성: 용어 사용 능력, 현장 대응력

• 평가 방식

  - 모의 환자·의사 상황에서 실습

  - 녹화 후 개별 피드백

  - 점수화 + 서술형 코멘트 병행

4. 요약

• 자기 평가는 학습자가 스스로 성장하기 위한 필수 과정이다.

• 동료 피드백은 서로의 장단점을 확인하고 개선하는 기회를 제공한다.

• 교육 현장에서는 정확성·중립성·태도·전달력·전문성을 기준으로 평가한다.

• 실습 통역 평가표를 활용하면 구체적인 개선 포인트를 찾을 수 있다.

제2부

통역 실무편
(온라인 상담)

온라인 상담 통역 지원
실무 체크리스트

1) 병원 측에서 제공받아야 할 기본 정보

□ 병원 공식 명칭(한국어/영어/일본어 등)

□ 병원 위치(지도 링크 포함)

□ 주요 진료 과목 및 전문 분야 설명 자료

□ 운영 시간·점심시간·휴진

2) 예약 관련 정보

□ 예약 가능 시간대 및 요일 전달

□ 예약 취소·변경 규정 문서화

□ 내원 전 준비사항(금식, 서류 지참 등)

□ 환자 예약 시 확인할 항목(이름, 연락처, 국적, 진료 항목) 정리

3) 비용 및 결제 정도

□ 주요 시술·수술별 기본 비용표

□ 추가 비용 발생 조건 명시

□ 보험 적용 여부·범위 안내

□ 결제 방식(현금, 카드, 해외 결제 가능 여부)

4) 의료 절차 및 설명 자료

□ 자주 하는 시술·수술 설명 자료 확보

□ 시술·수술 전·후 주의사항

□ 환자용 표준 설명문

5) 상담 프로세스 정보

□ 온라인 상담 흐름(접수 → 실장 상담 → 원장 상담 → 예약 확정)을 확인

□ 실장/원장이 강조하고 싶은 포인트 사전 확인

□ 상담 시 반드시 언급해야 할 병원 규정 문서화

6) 환자 커뮤니케이션 가이드

□ 환자 FAQ(자주 묻는 질문)와 답변집 제공

□ 언어·문화별 주의사항 공유 (일본/중국/영어권 등)

□ 통역사가 임의로 답변하지 말고 반드시 병원 확인을 거쳐야 하는 항목
  리스트화

7) 긴급 및 특수 상황 대응 절차

□ 응급 상황 시 연락 체계(담당자·연락처) 전달

□ 환자 불만·민원 대응 보고 프로세스 안내

□ 동의서 서명·개인정보 수집 등 법적/윤리적 필수 절차 안내

제1장

온라인 상담(상담 채널 · 전화)

1. 가장 중요한 태도

온라인 상담은 환자와 병원의 첫 접점입니다.
통역사는 언어를 옮기는 역할을 넘어, 환자가 병원을 신뢰할 수 있도록
돕는 첫 관문입니다.

- 태도의 핵심
  - 친절·차분한 어조 유지하기
  - 정확·중립적 전달(의견·추측 금지)
  - 모호하거나 불확실하면 즉시 확인 요청하기

2. 병원(실장)과의 소통 방식

상담 전 사전 협의로 강조 포인트를 맞춥니다.

- 실무 포인트
  - 어떤 시술/수술을 우선 설명할지, 병원의 강점을 미리 공유하기
  - 환자 질문은 임의로 답변 금지, 실장 확인 후 전달하기
  - 긴 설명은 핵심을 요약하되, 의학적 내용 생략 금지
  - 온라인 상담 한계 고지: 대면 후 최종 확정, 처방/진단 제한
  - 개인정보 수집·이용 동의 문구를 사전 안내하기

3. 예약 잡기

환자가 예약을 원하면 통역사가 절차를 중재합니다.

- 필수 확인 항목
  - 환자 정보: 이름(여권 표기와 동일), 국적, 연락처
  - 예약 날짜·시간(예: Mar 15, 10:00)
  - 진료과/시술 항목
  - 내원 전 준비: 여권 지참, 필요시 금식 등

4. 해피콜(예약 확인: 문자·전화)

예약 확정을 다시 확인하는 단계입니다.

• 확인 항목
  - 날짜·시간
  - 준비사항(금식, 복용 약, 필요한 서류·사진)
  - 병원 오시는 길/도착 안내(층·부서)

5. 내원 당일 확인하기

내원 당일 환자가 제시간에 도착하지 않으면 상황을 확인하여 병원 측에 전달해야 합니다.

• 상황별 대응
  - 길을 모른다 → 병원 안내 가능 여부 확인 후 전송(지도 링크)
  - 시간을 착각했다 → 일정 조정 가능 여부 확인
  - 취소 희망 → 취소·변경 규정에 따라 안내

6. 온라인 상담 시 흔한 실수

• 예약 정보 누락(특이사항/동반자정보/출국예정시간 빠짐)
• 비용 단위 착각(원/엔)
• 환자 위주로만 답하고 병원 정책을 누락
• 사진·의료 정보 미수집으로 상담 효율 저하

- 이름을 여권 표기와 다르게 기록하여 서류 불일치

- 한국어: 혹시 다음 일정으로 나가셔야 하는 시간이 있으시면 알려 주세요.

  일본어: お時間のご都合がありましたら、お知らせくださいませ。

7. 요약

- 온라인 상담은 첫인상을 좌우하며, 상담 내용은 대면 진료에서 최종 확정됨을 미리 알린다.
- 통역사는 친절·정확·중립을 기본으로 하고, 불확실하면 즉시 확인한다.
- 예약·해피콜에서는 날짜 형식·장소(층)·동선·준비물(사진/서류) 누락이 없도록 한다.
- 개인정보 동의와 병원 정책(취소·변경·노쇼·결제)을 투명하게 안내한다.

제2장

대면 상담 통역(내원 접수)

1. 첫인상과 환영 인사

환자가 병원에 도착한 첫 순간은 신뢰 형성과 병원 인상에 가장 중요한 시점입니다.

통역사는 병원 직원과 함께 환자를 맞이하며, 친절하고 안정적인 분위기를 전달해야 합니다.

이때의 한마디 인사와 표정은 이후 모든 상담의 분위기를 결정짓습니다.

- 환자를 이름으로 부르며 자연스럽게 인사합니다.
- 긴장하거나 불안한 환자에게는 차분하고 부드러운 어조로 안내합니다.
- 의료진이 직접 환자와 인사를 나눌 수 있도록 대화를 자연스럽게 연결합니다.

예시 문장

- 한국어: "안녕하세요, ○○님. 접수 도와드리겠습니다."
- 일본어:「こんにちは、○○様。本日の受付をお手伝いいたします。」

2. 기본 정보 확인(여권 포함)

외국인 환자의 경우 여권 확인은 신분 확인과 행정 기록을 위한 필수 절차입니다.

통역사는 환자가 불편함을 느끼지 않도록 정중하고 자연스럽게 안내해야 합니다.

• 여권을 정중하게 요청하여 안내데스크에 전달합니다.
• 이름(여권과 동일), 국적, 생년월일, 연락처, 내원경로 등을 정확히 확인합니다.
• 여권을 반환할 때는 반드시 환자 본인에게 직접 전달하며, 확인 절차를 함께 진행합니다.

예시 대화
• 직원(한국어): "접수를 위해 여권을 잠시 확인해도 될까요?"
• 통역사(일본어): 「受付のためにパスポートをお預かりしてもよろしいですか？」

3. 차트 작성(전자 · 종이 차트)

환자의 정보는 반드시 차트(EMR 또는 종이 차트)에 기록되어야 합니다.

통역사는 환자가 정확히 답변할 수 있도록 돕고, 의료진이 혼란 없이 정보를 입력할 수 있도록 명확하게 전달해야 합니다.

- 환자의 이름, 생년월일, 국적, 연락처 등 기본 정보를 정확히 입력하도록 안내합니다.
- 보험 유무, 과거 병력, 복용 중인 약, 알레르기 여부를 빠짐없이 확인합니다.
- 전자차트의 경우 입력 항목을 꼼꼼히 확인한 뒤 저장 여부를 반드시 확인합니다.
- 종이 차트를 사용하는 경우에는 서명과 날짜란을 환자 본인이 직접 작성하도록 안내합니다.

예시 대화
- 직원(한국어): "차트 작성을 위해 과거 병력과 복용 중인 약을 알려주세요."
- 통역사(일본어):「カルテ作成のために、これまでの病歴や現在服用中のお薬を教えていただけますか？」

4. 대기 및 진료 절차 안내

환자가 접수 후 병원 절차를 혼란 없이 이해하고 이동할 수 있도록 안내하는 것은 통역사의 중요한 역할입니다.
통역사는 의료진의 지시에 따라 진료 흐름과 기본 규칙을 명확하고 차분하게 전달해야 합니다.

- 대기 장소와 예상 대기 시간을 안내하여 환자가 불안해하지 않도록 돕습니다.
- 병원의 진료 순서(예: 접수 → 촬영 → 상담 → 수납)를 순서대로 설명합니다.
- 필요 시 「この後は検査室にご案内いたしますので、少々お待ちくださいね。」등 부드러운 표현으로 대기 상황을 전달합니다.

5. 요약

- 내원 접수 단계는 환자의 신뢰 형성에 중요한 순간이다.
- 외국인 환자는 여권 확인 → 안내데스크 전달 절차가 필수이다.
- 환자의 정보를 전자·종이 차트에 정확히 기록하는 것이 행정·진료의 출발점이다.
- 대기 절차와 상담실까지 충실히 수행해야 한다.

6. 셀프 체크리스트

☐ 환자를 맞이할 때 친절하고 차분한 태도를 보였는가?

☐ 여권을 정중히 요청하고 안내데스크에 전달했는가?

□ 이름·생년월일·연락처 등 필수 정보를 차트에 정확히 기록했는가?

□ 과거 병력·복용 약·알레르기 여부를 확인하고 차트에 반영했는가?

□ 대기 및 진료 절차를 명확히 안내했는가?

제3장

상담(실장 상담) − 피부시술 특화

1. 실장 주도 상담

대형 피부과에서는 실장이 주도하는 상담에서 **시술 메뉴 제안 → 동의 → 당일 시술**로 이어지는 경우가 많습니다.

이때 통역사는 단순한 언어 전달자가 아니라, **중립적인 정보 전달자이자 안전 절차 확인자**로서의 책임을 가집니다.

모든 판단과 권유는 반드시 **의사 및 병원의 공식 프로토콜 범위 내에서만 이루어져야 합니다.**

1) 비용·결제·패키지(회차권) 안내

피부시술은 회차권, 패키지, 부위별 옵션 등 조건이 세분화되어 있습니다.

통역사는 정보의 혼동이나 오해가 발생하지 않도록 **숫자, 단위, 조건을 명확히 구분하여 전달해야 합니다.**

- 화폐 단위는 반드시 **KRW/JPY**로 구분하여 안내합니다.
- 추가 비용이 발생할 수 있는 조건(부위 확대, 강도 변경, 추가 패스 등)

을 명확히 고지합니다.

- 패키지의 회차, 유효기간, 양도·환불 규정을 구체적으로 전달합니다.
- 결제 방식(현금/국내·해외 카드/분할 가능 여부/수수료 등)을 사실 그대로 안내합니다.

2) 당일 시술 흐름 및 안전 체크

실장의 권유로 바로 시술이 진행되는 경우라도,

통역사는 반드시 **금기 및 주의 항목을 사전 확인**해야 하며,

하나라도 해당되는 항목이 있으면 즉시 **의사 상담으로 연결해야 합니다.**

필수 체크 항목

☑ 임신·수유 여부

☑ 켈로이드 체질

☑ 최근 강한 일광 노출

☑ 헤르페스 병력

☑ 이소트레티노인 복용(최근 6-12개월 이내)

☑ 항응고제·아스피린 복용

☑ 활동성 염증 또는 상처 부위

3) 환자 질문 및 우려 전달

환자의 질문, 불안, 감정은 **그대로의 어조와 뉘앙스를 유지하여 전달해야 합니다.**

의료진의 답변은 **수치, 기간, 효과 범위 등 객관적 정보 중심으로 간결하**

게 통역해야 합니다.

마지막에는 "이해되셨을까요?"와 같은 **이해 확인 문장**으로 대화를 마무리
합니다.

4) 통역사의 역할 경계

- 통역사는 권유·판단·할인 확약 등 영업적 발언을 대신하지 않습니다.
- 안전 체크에서 이상이 발견되면 즉시 의사 상담으로 연결합니다.
- 동의서의 주요 항목(효과 한계, 부작용 가능성, 사후관리, 재내원, 연락
  처 등)은 의미 왜곡 없이 그대로 전달합니다.
- 통역 기록은 개인 메모 수준(시술명·횟수·간격·비용·유효기간 등 핵
  심 키워드)으로만 남깁니다.

5) 오해·불신 방지를 위한 한 줄 고지

- **한국어:** "온라인 또는 실장 상담에서 안내된 내용은 대면 진료 후 최종
  확정됩니다."
- **일본어:** 「オンライン / カウンセラーでのご案内内容は、対面診療後に
  最終確定となります。」

2. 연결형 상담(실장 상담 후 원장 상담)

1) 원칙

환자의 피부 상태, 생활 습관, 선호를 충분히 듣고 정리한 뒤, 원장 상담으

로 자연스럽게 연결합니다.

통역사는 **중립적이고 정확한 정보 전달자**로서 다음 원칙을 지켜야 합니다.

통역사 원칙(핵심 5)

① **중립·정확**: 의견, 추측, 권유를 추가하지 않습니다.

② **숫자·고유명사 재확인**: 기간, 횟수, 금액, 제품명을 또렷하게 되묻습니다.

③ **안전 체크 누락 방지**: 임신, 약물, 알레르기, 강한 일광 노출 여부를 반드시 확인합니다.

④ **정책 고지**: "최종 결정은 원장 상담 후 확정됩니다."를 환자 모국어로 명확히 알립니다.

경계(하지 말 것)

- 시술 메뉴·비용 제안 및 확정(할인 약속 포함)
- 환자의 동의 의사를 대신 표현하거나 유도
- 브리핑 및 차트 작성 대행(스태프 또는 실장 소관)

2) 안전 체크 및 원장 연결 신호

개별화 진료에서는 보다 **엄격한 안전 확인**이 필요합니다.

필수 질문 항목

☑ 임신·수유 여부

☑ 이소트레티노인 복용(최근 6-12개월)

☑ 항응고제·아스피린 복용

☑ 강한 일광 노출 여부

☑ 헤르페스 병력

☑ 켈로이드 체질

☑ 활동성 염증 또는 상처

☑ 과거 색소 변화 병력

3. 요약

- 실장 상담은 시술 제안 → 동의 → 당일 진행까지 이어질 수 있습니다.
- 통역사는 중립 전달, 안전 확인, 동의 내용의 정확한 전달을 맡습니다.
- 금기나 주의 신호가 있으면 반드시 의사 상담으로 연결해야 합니다.
- 비용과 패키지 조건은 단위·기간·규정·수치를 명확히 전달해야 합니다.
- 연결형 상담 통역에서는 루틴, 성분, 과거 반응을 충분히 확인한 뒤 원장 상담으로 연결합니다.
- 통역사는 **중립·정확·안전 체크·정책 고지**를 통해 오해를 줄입니다.
- 시술 확정과 비용 결정은 원장 및 병원 규정의 영역이며, 통역사는 정보의 흐름을 명확히 이어야 합니다.

제4장

원장 상담

1. 증상 · 희망 결과 파악

원장 상담의 핵심은 환자의 희망(결과)과 현재 상태(증상·피부·구조)를 최대한 가깝게 맞추는 것입니다.
통역사는 환자의 주관적 표현(느낌·불편·기대)을 **왜곡 없이 전달하고,**
원장의 전문 질문을 환자가 이해하도록 **짧고 명확하게 옮겨야 합니다.**

- 환자의 표현은 원문 그대로 전달합니다("조금/많이/자연스럽게" 등 감정·강도 포함).
- 모호한 표현은 숫자나 예시로 보완합니다("통증 0-10 중 몇 점?", "다운타임 며칠?" 등).
- 기대와 현실이 다를 경우, 원장의 설명을 한 줄 요약하여 재확인합니다.

2. 치료 · 시술 가능 여부 통역

원장은 진찰을 바탕으로 **가능/불가능/조건부 가능**을 구분하여 설명합니다.
통역사는 이를 축소하거나 확대하지 않고, 있는 그대로 전달해야 합니다.

- 결론을 명확히 구분하여 전달합니다: 가능/불가능/조건부 가능.
- 의학 용어가 어려울 경우, 의사에게 쉬운 표현으로 요청한 뒤 통역합니다.
- 환자의 추가 질문은 변형 없이 그대로 원장에게 전달합니다.

3. 위험성 · 부작용 설명 통역

모든 시술과 수술에는 위험성과 부작용이 존재합니다.
통역사는 부정적인 내용이라도 누락하지 않고 **사실 그대로 전달해야 합니다.**

4. 치료 방향 결정 지원

상담의 마지막 단계는 환자와 원장의 **합의 및 결정 과정**입니다.
통역사는 서로의 선택, 조건, 주의사항이 **정확히 이해되도록 조율해야 합니다.**

- 선택지가 여러 개일 경우, 차이를 한 줄씩 정리하여 설명합니다(방법·횟수·다운타임·비용 등).
- 환자의 최종 선택은 그대로 전달하며, 권유나 판단을 덧붙이지 않습니다.

5. 요약

- 원장 상담은 증상, 희망, 가능성을 종합하여 현실적인 계획을 세우는 핵심 단계입니다.
- 통역사는 감정과 기대를 그대로 전달하고, 가능·불가능·조건부를 명확히 구분합니다.
- 위험성과 부작용은 누락 없이 사실 그대로 통역하고, 마지막에 환자의 이해를 재확인합니다.

제5장

시술 통역

1. 시술 전 동의서

시술 전 환자가 지켜야 할 준비 사항을 **정확히 이해하도록 안내하여**, 시술의 **안전성과 결과의 신뢰성을 보장합니다.**

- 병원 프로토콜에 따라 **금식 여부, 약 복용 제한, 화장 제거, 렌즈 및 액세서리 착용 금지 등** 필요한 항목만 정확히 전달합니다.
- 시술 전 **당일 컨디션, 복용 약, 알레르기 여부를 짧고 명확하게 재확인합니다.** (숫자·명칭 중심으로)
- **동의서 주요 항목(효과 한계, 부작용 가능성, 사후관리)**을 한 줄씩 확인한 후, 환자가 이해한 상태에서 서명하도록 안내합니다.

2. 시술 중 의사-환자 간 짧은 소통 지원

시술 중 의사의 지시와 환자의 반응을 **즉시·정확하게 연결하여**, 시술의 안전성과 집중도를 높입니다.

- 의사의 지시는 명령형 단문으로 바로 통역합니다.
- 예: "눈 감아 주세요."/"움직이지 마세요."/"숨을 편히 쉬세요."
- 환자의 반응은 짧고 명확하게 보고합니다.
- 예: "따갑습니다."/"아픕니다."/"뜨겁습니다."/"괜찮습니다."
- 통증 정도는 수치(0-10)로 되묻고, 의사에게 숫자로 전달합니다.
- 불필요한 대화를 줄이고, 차분하고 안정된 어조를 유지합니다.
- **심한 통증, 현기증, 호흡 불편 등 이상 반응이 있을 경우 즉시 의사 또는 간호사에게 알립니다.**

3. 시술 후 주의사항

시술 후 환자가 **사후 관리 지침을 정확히 이해하고 실천하도록 안내하여,** **회복 과정과 결과를 최적화합니다.**

- **세안, 화장, 자외선 차단 시작 시점을 구체적으로 안내합니다.**
  예: "오늘은 화장하지 마시고 내일부터는 가볍게 하서도 괜찮습니다."
- **약 복용 시 이름, 용량, 횟수, 기간을 숫자로 명확히 안내하고, 부작용** 발생 시 **연락처를 함께 전달합니다.**
- **피해야 할 활동(격한 운동, 음주, 사우나, 햇볕·열 노출, 스크럽·자극 성 화장품 사용 등)**은 기간을 명시하여 설명합니다.
- **재진 일정 및 추가 시술 간격을 구체적인 숫자로 고지합니다.**

제6장

수술 통역 — 전체 프로세스 가이드

0) 한눈에 보는 전체 흐름

접수·수납 → 환복(탈의실) → 세안(클렌징) → 검사·동의서 → 수술 전 마지막 원장 상담 → 화장실 → 수술 대기 → 수술실 입장 → 소독·마취 → 수술 중 단문 통역 → 수술 종료·회복실 이동 → 회복실 안내 → 퇴원 절차·귀가

1) 접수·수납

통역사는 접수 단계에서 병원 시스템과 의료진에 대한 **신뢰를 형성하는 매개자**의 역할을 맡습니다.

이 과정에서 통역사는 '신뢰·정확·중립'이라는 세 가지 원칙을 반드시 지켜야 합니다.

작은 설명 하나, 말투 하나가 병원 전체의 이미지와 신뢰로 이어집니다.

2) 환복·세안(탈의 후 클렌징)

통역사는 환자가 이동 동선을 혼란 없이 이해하도록, **사전에 절차와 공간을 충분히 파악해야 합니다.**

시술 또는 수술 준비 중인 환자가 불안하지 않도록 **차분하고 안정된 태도로 안내해야 합니다.**

탈의실이나 세안 공간에서는 환자가 불편하지 않도록 절차를 설명한 후, 준비가 끝날 때까지 **문 밖에서 대기합니다.**

이 과정에서 불필요한 대화나 잡담은 피하고, **필요한 정보만 간결하고 명확하게 전달합니다.**

3) 수술(시술) 동의서 작성

수술 동의서 작성 단계에서 통역사는 단순히 문서를 읽어 주는 존재가 아니라, **의료진의 설명을 정확히 전달하고 환자가 충분히 이해한 상태에서 서명하도록 돕는 역할을 맡습니다.**

환자가 서명할 때는 반드시 **본인 이름(여권 기준 영문 또는 한글 표기)**으로 기입하도록 안내합니다.

통역사는 감정이 개입되지 않도록 **중립적이고 객관적인 태도**를 유지해야 하며, 환자가 불안을 표현할 경우에는 "지금 내용은 모든 환자분께 언제나 설명드리는 부분입니다."와 같이 **사실 중심의 설명으로 안심을 유도합니다.**

4) 수술 전 최종 원장 상담(디자인 · 최종 확인)

수술 직전의 원장 상담은 **수술 방향, 디자인, 범위를 최종 확정하는 매우 중요한 단계입니다.**

통역사는 단순한 언어 전달을 넘어, **의사소통의 정확성과 환자의 이해를 조율하는 조정자 역할을 맡습니다.**

- 의료진이 발언을 마친 후 통역을 시작하며, 의료진이 상담의 주도권을 가집니다.

- 통역 내용은 요약하지 않고, **원문의 어조와 뉘앙스를 그대로 전달합니다.** (디자인, 절개 범위, 마취 종류 등은 단어 하나 차이로 오해가 생길 수 있으므로 주의해야 합니다.)

- 환자의 질문이 의료적 판단을 요구할 경우, 「その点は先生に確認してお伝えしますね.」라고 말해 **통역의 역할 범위를 명확히 구분합니다.**

- 대부분의 환자는 긴장과 불안을 느끼므로, **차분하고 안정된 말투로 상담 분위기를 조율합니다.**

- 세부 질문이 반복될 경우, 「手術直前に先生が再度確認してくださいますのでご安心くださいね.」 등으로 **안심을 유도하되, 통역사가 대신 판단하지 않습니다.**

- 상담이 끝난 후에는 「この内容でよろしいですか？」와 같이 **이해 여부를 확인하는 질문으로 마무리합니다.**

- 디자인 표시 등 시각적 과정에서는 **의사의 요청이 있을 때만 보조 설명을 수행합니다.**

5) 화장실(최종 준비)

이 단계는 환자가 **수술실에 입장하기 전, 신체적·심리적 준비를 마무리하는 마지막 과정입니다.**

통역사는 환자가 절차를 이해하고 **불안 없이 이동할 수 있도록 안내와 조율을 담당합니다.**

수술 전에는 위생 관리와 긴장 완화가 중요하므로, 환자가 서두르지 않도록 **차분한 어조로 설명합니다.**

통역사는 문 앞에서 필요한 안내만 수행하고, 환자가 준비를 마칠 때까지 **조용히 대기합니다.**

필요 시 통역사 또한 **수술실 전용 가운, 모자, 슬리퍼로 복장을 교체하여 위생 규정을 준수합니다.**

6) 수술 대기

이 시점은 환자가 가장 긴장하는 단계이므로, 통역사는 **짧고 부드러운 언어로 심리적 안정을 돕습니다.**

불필요한 의료 설명보다 감정 안정에 초점을 맞추고, **조용하고 침착한 태도를 유지합니다.**

불필요한 움직임, 대화, 휴대전화 사용은 삼가며, **단정한 복장과 중립적인 표정으로 환자와 의료진 모두에게 안정감을 줍니다.**

7) 수술실 입장

환자가 수술실에 입장하면 통역사는 **환자가 불안하지 않도록 분위기를 안정시키는 역할을 맡습니다.**

의료진의 지시에 따라 **환자를 안전하게 수술대(베드)로 안내하고,** 간호사가 설명하는 **시술 순서, 현재 진행 과정, 그 이유를 짧고 명확하게 통역합니다.**

이때 통역사는

- **소독포나 멸균 구역에 닿지 않도록 주의**해야 하며,

- **의료진의 동선이나 장비 이동을 방해하지 않도록 위치를 조정**해야 합니다.
- 불필요한 대화는 삼가고, 의료진의 발언이 끝난 후 **차분하고 정확한 어조로 설명만 전달합니다.**
- 통역사는 수술실 안에서 **청결 유지와 정확한 정보 전달**이라는 두 가지 원칙을 지키며,
- 환자가 의료진을 신뢰할 수 있도록 **침착한 태도와 안정된 언어로 조율자 역할을 수행합니다.**

8) 소독·마취 안내

의료진의 설명이 끝난 후, **통역사는 짧고 부드러운 어조로 환자를 안심시킵니다.**
이 단계에서 통역사는 **정확한 정보 전달, 위생 준수, 안정된 태도 유지**를 통해 환자와 의료진 모두가 신뢰할 수 있는 환경을 조성합니다.

9) 수술 중 통역

수술 중 통역의 핵심은 **정확성, 절제된 개입, 안전 우선**입니다.
통역사는 의료 행위의 일부가 아닌, **언어와 이해를 연결하는 조용한 조력자**로서 환자와 의료진 모두에게 안정감을 주어야 합니다.

- 통역사는 '진료 보조자'가 아닌 '언어 중개자'로서 제한된 역할을 지켜야 합니다.

- 의료진의 업무 동선이나 의료기기 근처에 접근하지 않습니다.
- 의료진의 지시에 따라 **위치, 발언 타이밍, 음성 크기**를 조정합니다.
- 모든 발언은 환자 안전과 직결되므로 **의사 또는 간호사의 발언이 끝난 뒤 통역을 시작합니다.**
- 중간 개입이나 대화 겹침은 혼란을 초래할 수 있으므로 절대 피합니다.
- 의료진과의 의사소통이 필요할 경우, "통역해도 괜찮습니까?"라고 사전 확인 후 진행합니다.
- **마취 단계, 절개 부위, 출혈량 등 의학적 설명은 의미 왜곡 없이 그대로 전달합니다.**

10) 수술 종료 · 회복실 이동

수술 종료 후 환자가 회복실로 이동할 때, 통역사는 **언어 전달자 이상의 역할**을 수행합니다.

즉, 심리적 안정 도우미이자 의료진 보조 커뮤니케이터로서 환자의 상태를 세심히 살핍니다.

환자는 마취의 영향으로 의식이 흐릿하므로, 통역사는 모든 행동을 **조용하고 신중하게 수행합니다.**

- 환자 이동 시에는 **의료진의 동선을 방해하지 않도록 뒤쪽 또는 지정된 위치에서 동행합니다.**
- 회복실 도착 후 의료진이 설명할 때, **환자 귀 근처에서 조용히 통역합니다.**
- **수액대, 산소 튜브, 모니터링 장비에는 절대 손대지 않습니다.**

• 의료진의 지시에 따라 **환자가 편안히 안정을 취할 수 있도록 불필요한 대화나 움직임을 최소화합니다.**

11) 회복실 안내

회복실에서 퇴원 전까지 통역사는 **환자의 상태를 관찰하며 의료진과의 소통을 돕는 조용한 조력자**로서 역할을 수행합니다.

이 시점의 환자는 마취에서 완전히 회복되지 않았거나, **통증·불안·어지럼증을 호소할 수 있습니다.**

따라서 통역사는 **말보다 관찰과 상황 인지에 집중해야 합니다.**

• 의료진이 환자 상태를 확인할 때, **간결하고 정확하게 필요한 정보만 통역합니다.**
• 환자가 통증·어지럼증·불편함을 표현하면 즉시 의료진에게 그대로 전달하며, **위로성 멘트는 덧붙이지 않습니다.**
• 환자가 불안감을 보일 경우, 「もうすぐ看護師さんが確認に来ますのでご安心くださいね。」등 짧고 차분한 어조로 안심을 유도합니다.
• 퇴원 전 간호사가 **복용 약, 샤워 가능 시점, 재내원 일정** 등을 설명할 때 모든 내용을 **정확히 통역하고 이해 여부를 확인합니다.**

12) 퇴원 절차·귀가

퇴원 안내 시 통역사는 **수술 후 관리 및 약 복용 방법을 정확히 전달하는 역할**을 맡습니다.

이 단계는 수술의 마무리이자, 환자의 안전한 회복을 위한 핵심 구간이므로 의료진의 설명을 **정확하고 누락 없이 통역하는 것**이 매우 중요합니다.

- 의료진이 수술 후 주의사항(샤워 가능 시점, 음주·운동 제한, 실밥 제거 일정 등)을 설명할 때는 **의미를 축약하지 않고 그대로 통역**합니다.
- 환자가 이해하지 못한 부분이 있을 경우, **의료진에게 재확인을 요청**한 뒤 다시 통역합니다.
- 「この部分をもう一度確認してからご案内いたしますね。」와 같이 설명하여, **정확한 정보를 전달하고 있음을 환자에게 명확히 알립니다.**
- 약 복용 안내 시에는 **복용 시간, 횟수, 주의사항(식전·식후, 부작용 등)**을 구체적으로 구분해 전달하며, 특히 '**절대 임의로 복용량을 변경하지 말 것**'을 강조합니다.
- 환자가 약 이름이나 용량을 혼동할 경우, **약 봉투나 설명서 표기를 함께 확인하며 시각적으로 안내**합니다.
- 모든 안내가 끝난 뒤에는 「以上の内容でご理解いただけましたか？」와 같이 **이해 여부를 확인하는 문장으로 마무리**합니다.
- 또한, **라인으로 약 복용 안내 메시지를 추가 전송**하면, 환자가 내용을 복습할 수 있어 더욱 효과적입니다.

셀프 체크리스트(최종 정리)

수술 전

□ 수술 전 검사와 동의서 내용을 정확히 통역했는가?

□ 환자가 동의서 내용을 충분히 이해하고 서명하도록 도왔는가?

□ 수술 직전 환자의 불안을 덜어 줄 수 있는 따뜻한 멘트를 전달했는가?

수술 중·직후

□ 수술실 입실 시 짧고 차분한 안내를 통역했는가?

□ 소독과 마취 절차에서 환자가 느낄 수 있는 감각(차가움, 따끔함)을 간
단히 안내했는가?

□ 수술이 끝났음을 명확히 전달하고 회복실 이동 안내를 했는가?

퇴원·사후 관리

□ 퇴원 시 약 복용, 상처 관리, 생활 주의사항(세안, 화장, 음주, 운동 등)
을 정확히 통역했는가?

□ 수술확인서, 퇴원 확인서, 영수증 등 서류 발급을 안내했는가?

□ 귀가 시 환자가 무리하지 않고 충분히 쉴 수 있도록 안내했는가?

□ 환자가 안전하게 귀가할 수 있도록 교통편(택시 등)을 도와주었는가?

□ 응급 상황 시 연락할 번호를 반드시 전달했는가?

제7장

사후 관리 통역

1. 약 복용 · 상처 관리 안내 통역

사후 관리의 기본은 약 복용과 상처 관리입니다.

통역사는 의료진의 설명을 숫자 중심 · 행동 중심으로 명확하게 전달하여,

환자가 혼동 없이 지침을 따를 수 있도록 돕습니다.

- **약 복용**: 복용 시간, 횟수, 기간, 식전 · 식후 여부, 금지사항(예: 알코올 섭취 금지)을 명확히 전달합니다.
- **외용제**: 사용 순서(소독 → 연고 → 패드), 1회 사용량, 횟수, 접촉 시간을 구체적으로 안내합니다.
- **생활 관리**: 세안, 메이크업, 자외선 차단 시작 시점을 숫자로 명시합니다.
- 예: "세안은 내일 아침부터 가능합니다."

2. 추후 내원 일정 안내

환자의 회복 상태를 확인하고 필요한 후속 조치를 진행하기 위해 **추후 내원은 반드시 필요합니다.**
통역사는 환자가 **날짜, 시간, 필요 서류, 추가 절차**를 명확히 이해하도록 **구두와 문장으로 정리하여 전달합니다.**

- **내원 일정:** 다음 방문 날짜와 시간을 구체적으로 안내합니다.
- **추가 치료:** 재시술 또는 추가 검사가 필요한 경우, 시점을 명확히 고지합니다.
- 예: "재시술은 최소 4주 후부터 가능합니다."
- **해외 환자:** 귀국 일정으로 인해 재방문이 어려운 경우,
- **온라인 상담 또는 원격 확인 방법**을 함께 안내합니다.

3. 회복기 상담 대응

1) 기본 원칙

회복기 상담에서 통역사는 감정적 위로가 아닌 **정확한 정보 전달과 안전 확보**를 최우선으로 해야 합니다.
모든 대응은 **숫자·사실 중심, 의료진의 판단 우선** 원칙을 따릅니다.

- **중립 유지:** "괜찮아요"와 같은 단정적 표현 금지 → 의료진의 답변만 전

달합니다.

- **숫자화:** 언제부터, 어느 부위, 강도(0-10), 횟수·기간 등 수치 중심으로 묻고 기록합니다.
- **간결성:** 한 문장씩 짧고 명확하게 전달합니다.
- **안전 우선:** 경고 신호 발견 시 즉시 의료진 연결 또는 내원을 권합니다.
- **기록:** 시간, 증상, 강도, 의료진 답변, 조치 내용을 간단히 메모로 남깁니다.

2) 환자 감정 대응

환자는 회복 중 부기·멍·당김감 등으로 불안을 느낄 수 있습니다.

통역사는 **감정을 있는 그대로 전달하되**, 위로 대신 **의학적 기준을 근거로 구분**해야 합니다.

의료진의 답변은 **숫자·기간·행동 중심**으로 명확히 전달합니다.

"정상 범위"와 "경고 신호"를 구분해 안내합니다.

불필요한 위로는 피하고, 근거 있는 설명으로 안심을 돕습니다.

3) 상담 루틴(6단계)

(1) 경청·공감

(2) JP 예시:「ご不安ですよね。状況を整理してお伝えします。」

(3) 핵심 질문 5개

　① 언제부터?

　② 어느 부위?(한쪽/양쪽)

　③ 강도 0-10?

④ 열·악취·분비물 유무?

⑤ 복약·관리 지침 준수 여부?

(4) 분류

① 정상 범위/주의(추가 확인)/경고(즉시 연결)

(5) 의료진에게 전달: 3줄 서식 사용

① 환자: ○일째, 부위 ○○, 통증 ○/10, 부기/멍 ○

② 관리: 복약 ○/연고 ○/세안 ○

③ 특이: 발열/악취/비대칭 유무

(6) 답변 전달

(7) JP 예시:「確認です。△△を守る、異常時はこの番号へ、という理解でよろしいですか。」

(8) 후속 조치

① 모니터링·재연락 조건

② 재진 예약·사진 전송 가이드

4. 경고 신호(즉시 의료진 연결/내원)

- 통증 7 이상 지속/악화

- 고열

- 악취 분비물

- 급격한 비대칭·붓기

- 시력 변화/호흡 곤란/심한 어지럼·구토

- JP 예시:「強い痛み(7/10以上)・発熱・悪臭のある分泌物・急な非対称
  がある場合は、直ちにご連絡またはご来院ください。」

5. 사진 전송 가이드

- 각도 5컷: 정면/좌·우 45°/좌·우 측면
- 조건: 자연광, 선명, 메이크업 제거, 필터 금지, 날짜 표기
- 상처: 거즈 제거 후 5분 경과 사진
- 주의: 개인정보 노출 금지, 응급 의심 시 사진보다 내원 우선
- JP 예시:「自然光で正面・左右45°・左右側面の計5枚、メイクなしで撮影
  してください。緊急の場合は写真より受診が優先です。」

6. 통역사의 금지 표현 & 대체 문장

- 금지: "괜찮아요", "정상이에요", "○○입니다(단정)"
- 대체:
  - KR: "정확한 확인을 위해 의료진과 상의하겠습니다."
  - JP:「正確な確認のため、医師にお伝えしてご案内します。」
  - KR: "지금 단계에서는 숫자·사진 정보가 필요합니다. 몇 가지 질문드
    릴게요."
  - JP:「現時点では数値と写真の情報が必要です。いくつか質問します。」

7. 요약

- 사후 관리 통역의 핵심은 약 복용, 상처 관리, 추후 내원 안내, 환자 불안 해소이다.
- 약물·연고 사용법과 내원 일정을 정확히 전달해야 한다.
- 환자의 불안과 불만은 중립적으로 전달하고, 의료진의 설명을 명확하게 재전달해야 한다.
- 해외 환자의 경우 온라인 상담, 원격 안내를 적극적으로 활용할 수 있다.

<u>셀프 체크리스트</u>

☐ 약 복용 방법과 주의사항을 정확히 전달했는가?

☐ 연고·소독제 사용법을 환자가 이해할 수 있도록 설명했는가?

☐ 추후 내원 일정을 빠짐없이 안내했는가?

☐ 환자의 불안·불만을 있는 그대로 의료진에게 전달했는가?

☐ 의료진의 설명을 환자에게 차분하고 명확하게 전달했는가?

제8장

행정 절차 통역

1. 수납 및 결제 통역

수납 과정은 환자가 민감하게 여기는 부분이므로, 통역사는 비용을 명확하고 투명하게 전달해야 합니다.

- 총 비용과 항목별 내역(시술비, 마취비, 약값 등) 설명
- 결제 방법(현금, 카드, 해외카드 가능 여부, 분할 납부 등) 안내
- 환자가 이해했는지 반드시 확인 후 결제 진행

2. 보험 · 서류 발급 관련 통역

외국인 환자 중 일부는 보험 청구나 비자 관련 서류가 필요할 수 있습니다. 통역사는 환자의 요청을 정확히 전달하고, 병원 행정팀과 환자가 오해 없이 소통할 수 있도록 돕습니다.

- 진단서, 소견서, 영수증 발급 가능 여부 확인

- 보험 청구용 영문 서류 발급 절차 안내

- 발급 소요 시간, 추가 비용 여부 안내

3. 진료 후 피드백 및 클로징 멘트

환자가 병원을 떠날 때 마지막으로 주고받는 대화는 병원 전체에 대한 만족도를 좌우합니다.

통역사는 환자가 긍정적인 경험으로 마무리할 수 있도록 따뜻한 인사를 전달합니다.

- 다음 내원 일정 또는 온라인 후속 상담 가능 여부 안내하기

- 환자의 감사를 의료진에게 전달, 병원의 감사 인사도 환자에게 전함

- 환자가 병원을 떠나며 신뢰감을 느낄 수 있도록 긍정적으로 마무리하기

• 예시 멘트

- 의료진(한국어): "오늘 고생 많으셨습니다. 빠른 회복을 바랍니다."

- 통역사(일본어):「本日はお疲れさまでした。早い回復をお祈りいたします。」

4. 요약

- 행정 절차 통역은 환자의 병원 경험을 마무리하는 마지막 관문이다.

- 수납 단계에서는 비용과 결제 방법을 투명하게 안내해야 한다.

- 보험 및 서류 발급 관련 요청을 정확히 전달하고 절차를 설명해야 한다.

- 마지막 인사와 피드백 전달은 환자가 병원에 긍정적 인상을 남기도록
  돕는다.

통역사의 역할 수행
정리 요약

1. 통역 시 주의할 점

(1) 중립성과 정확성 유지

- 통역사는 의학적 설명을 축소·과장하지 않고 그대로 전달해야 합니다.
- 환자의 질문과 감정을 있는 그대로 전달하되, 개인 의견이나 추측은 배제합니다.
- 모르는 용어가 나오면 즉시 확인하고, 잘못된 통역으로 인한 위험을 예방합니다.

(2) 정보 전달의 철저함

- 예약, 접수, 차트 작성, 비용, 서류 발급 등 행정 절차의 누락을 막아야 합니다.
- 시술·수술 전후 주의사항은 환자의 안전과 직결되므로 반복·강조해야 합니다.
- 특히 비용·보험·동의서 관련 통역은 법적·윤리적 책임이 따르므로 정확성 최우선입니다.

(3) 문화적 민감성

- 일본인 환자: 존칭을 틀리지 않도록 합니다. 반복 확인하면서 이해하였는지 확인합니다.
- 중국인 환자: 비용 투명성, 절차 신뢰성을 강조합니다.
- 영어권 환자: 선택지와 조건을 명확히 설명합니다.
- 문화 차이에 따른 기대치·의사 결정 방식을 존중해야 불신이 줄어들게 됩니다.

(4) 환자의 심리적 안정 지원

- 해외 환자는 온라인 상담부터 수술·퇴원까지 끊임없는 불안을 경험하게 됩니다.
- 통역사는 단순한 언어 전달자가 아니라, 심리적 안정과 신뢰의 다리 역할을 수행해야 합니다.
- 불필요한 긴장감을 주지 않고, 의료진의 따뜻한 멘트를 자연스럽게 전달합니다.

2. 통역사의 중요성

(1) 환자 안전의 수호자

- 작은 오역도 환자의 치료 방향과 안전에 치명적인 결과를 초래할 수 있음을 자각해야 합니다.
- 정확한 통역은 환자의 생명과 직결되며, 환자와 의료진 모두의 신뢰를

확보하는 핵심입니다.

(2) 의료진과 환자 간 신뢰의 다리

- 통역사는 의료진의 전문성을 환자가 이해하도록 도와야 합니다.
- 환자의 우려·기대를 의료진이 정확히 파악하도록 하는 양방향 다리 역할을 수행합니다.
- 이 과정에서 신뢰가 형성되면 치료 동의 및 협력이 원활해집니다.

(3) 병원 이미지와 서비스 품질의 대표자

- 통역사의 태도, 정확성, 친절함은 곧 병원의 이미지로 환자에게 전달됩니다.
- 온라인 상담, 접수, 행정 절차까지 통역사의 언행이 환자의 만족도와 재방문율을 좌우합니다.

(4) 전문성과 윤리 의식의 모범자

- 통역사는 단순 아르바이트나 언어 중개자가 아닌 의료 전문가 팀의 일원입니다.
- 환자의 개인정보 보호, 중립성, 윤리적 책임을 철저히 지켜야 합니다.
- 이는 곧 전문 의료 통역사로 성장하는 기반이 됩니다.

통역사의 3중 역할

① 언어 전달자 → 의료진 설명과 환자 질문을 정확히 이어 주는 역할
② 신뢰 형성자 → 환자의 불안 해소, 의료진-환자 간 신뢰 구축

③ 안전 지킴이 → 정확한 절차 안내와 위험성 전달로 환자 안전 보장

▶ 핵심 키워드: 정확성·중립성·문화적 민감성·심리적 지원

갈등 상황 & 해결 방법

1. 역할 혼동 갈등

- 예시: 환자가 "이 수술이 안전할까요?"라고 통역사에게 개인적으로 질문
- 해결 방법:
  - "저는 의료적 판단을 드릴 수 없어서, 원장님께 확인해 드리겠습니다." 라고 중립적으로 답변합니다.

2. 정보 전달 갈등

- 예시: 의료진은 빨리 설명하려 하고, 환자는 자세히 알고 싶어할 경우
- 해결 방법:
  - 의료진에게 "환자가 더 자세한 설명을 원합니다."라고 전달
  - 환자에게는 "간단히 핵심만 먼저 설명드리고 추가 질문을 받겠습니다."라고 안내합니다.

3. 문화 · 언어 차이 갈등

- 예시: 일본 환자는 존칭과 반복 확인을 원하지만, 의료진은 짧게 답변할
  경우.
- 해결 방법:
  - 문화적 차이를 의료진에게 간단히 알려 줌("일본 환자분은 반복 확인
    을 원하십니다")
  - 환자에게는 의료진의 답변을 존중어로 조금 더 정중하게 전달합니다.

4. 시간 관리 갈등

- 예시: 통역이 길어져 진료가 지연될 경우
- 해결 방법:
  - 환자 질문을 요약하여 핵심만 정리해 전달합니다.
  - 의료진에게 "환자분이 두 가지 핵심 질문을 하셨습니다"라고 간단히
    보고합니다.
  - 필요시 추가 상담은 온라인 상담으로 연계합니다.

5. 비용 · 결제 갈등

- 예시: 환자가 비용을 잘못 이해해 통역사에게 불만 제기할 경우

- 해결 방법:

 - 비용 안내 시 반드시 서면 자료(견적서, 영수증)를 함께 확인합니다.

 - 금액 단위(원, 달러, 엔 등) 명확히 반복 설명합니다.

 - "병원 행정팀에 다시 확인해 보겠습니다"라고 환자에게 안내합니다.

6. 비밀 유지 갈등

- 예시: 환자가 "실장님께는 말하지 말아 달라"고 요청할 경우
- 해결 방법:

 - 환자에게 비밀 보장의 범위를 설명합니다. ("진료와 관련된 내용은 반드시 의료진과 공유해야 합니다.")

 - 개인적 내용이라면 철저히 비밀 유지합니다. 의료 관련이면 반드시 보고합니다.

7. 감정적 개입 갈등

- 예시: 환자가 불만을 토로하며 울거나 화를 낼 경우
- 해결 방법:

 - 환자의 감정을 그대로 전달합니다. ("환자분이 불안하고 걱정이 많으십니다")

 - 감정적으로 대응하지 말고, 의료진의 차분한 설명을 충실히 통역합니다.

- 사후에 자신의 감정을 관리할 수 있는 방법(휴식, 슈퍼비전 등) 마련합
  니다.

정리

갈등이 발생했을 때 통역사의 기본 원칙은 중립성, 투명성, 확인입니다.

- 중립성 → 의견 추가 없이 있는 그대로 전달
- 투명성 → 문서·자료를 활용해 환자에게 신뢰 제공
- 확인 → 의료진·환자 모두가 같은 이해를 하고 있는지 반복 확인

제9장

고위험 상황 대응

1. 고위험 상황의 정의

고위험 상황이란 환자의 생명, 안전, 또는 병원 운영에 직접적인 위협이 되는 상황을 말한다.

예를 들어, 환자가 극심한 불안이나 충동적 발언을 하거나, 치료 과정에 대한 심각한 불만을 제기할 때 발생한다.

통역사는 이러한 상황에서 심리적 안정, 정확한 정보 전달, 의료진과 환자 간 신속한 연결 역할을 수행해야 한다.

2. 통역사의 기본 원칙

(1) 침착함 유지

당황하거나 감정적으로 흔들리지 않고, 평정심을 유지합니다.

(2) 즉시 보고

위험 신호가 감지되면 의료진이나 담당 직원에게 즉시 알립니다.

(3) 있는 그대로 전달

환자의 발언을 축소하거나 과장하지 않고 원문 그대로 전달합니다.

(4) 단독 대응 금지

혼자 해결하려 하지 않고 반드시 의료진이나 다른 직원과 함께 대응합니다.

(5) 지침 준수

병원의 위기 대응 프로토콜을 따르고, 필요시 응급 시스템을 가동합니다.

(6) 사실 기록

시간, 발언, 조치 사항 등을 객관적으로 기록해 남깁니다.

(7) 사후 자기 관리

상황 종료 후 자신의 스트레스 상태를 점검하고 필요한 지원을 요청합니다.

3. 고위험 상황에서의 단계별 대응

(1) 상황 발생 시

환자의 발언·행동을 침착하게 듣고, 불필요한 판단은 하지 않습니다.

즉시 의료진에게 전달할 준비를 합니다.

(2) 의료진 보고 및 연계

의료진에게 환자의 말을 그대로 전달합니다.

위급 상황일 경우 응급 콜 체계를 작동시킵니다.

(3) 환자 대면 시

환자를 혼자 두지 않고, 가능한 한 간단하고 차분한 언어를 사용합니다.

의료진이 곧 도착할 것임을 안내하여 불안감을 완화합니다.

(4) 사후 조치

사건의 시간, 장소, 관련자, 주요 발언 및 조치를 기록합니다.

필요시 관리자나 상급자에게 보고하고, 감정적 스트레스는 동료와 공유
합니다.

4. 통역사의 역할 한계

치료자나 상담자가 아님: 통역사는 환자의 감정이나 문제를 직접 해결할
수 없습니다.

중립적 연결자: 의료진과 환자를 정확하고 신속하게 연결하는 것이 최우
선입니다.

법적·윤리적 책임 인지: 생명 위협 발언은 비밀 보장의 예외이며 반드시

보고해야 합니다.

5. 셀프 체크리스트

□ 나는 고위험 상황에서 침착함을 유지했는가?

□ 환자의 발언을 왜곡하지 않고 있는 그대로 전달했는가?

□ 의료진에게 즉시 상황을 보고했는가?

□ 환자를 혼자 두지 않고 안전하게 대기시켰는가?

□ 병원의 위기 대응 지침에 따라 조치를 취했는가?

□ 발생 상황과 조치 내용을 객관적으로 기록했는가?

□ 상황 종료 후 나 자신의 심리 상태를 점검했는가?

실무 워크북 단어장

1. 피부과

한국어	일본어	발음
피부 장벽	肌のバリア	はだのバリア
보톡스	ボトックス	ボトックス
슈링크	シュリンク	シュリンク
울쎄라	ウルセラリフト	ウルセラリフト
써마지	サーマクール	サーマクール
인모드	インモードリフト	インモードリフト
티타늄 리프팅	チタニウムリフト	チタニウムリフト
레이저 토닝	レーザートーニング	レーザートーニング
레이저 리프팅	レーザーリフト	レーザーリフト
레이저 제모	レーザー脱毛	レーザーだつもう
온다리프트	オンダリフト	オンダリフト
울트라콜	ウルトラコール	ウルトラコール
엠페이스	エムフェイス	エムフェイス
필러(이마)	額ヒアルロン酸	ひたいヒアルロンさん
필러(입술)	唇ヒアルロン酸	くちびるヒアルロンさん
필러 제거	ヒアルロン酸溶解注射	ヒアルロンさんようかいちゅうしゃ
보톡스(승모근)	肩ボトックス	かたボトックス
보톡스(이마)	額のしわボトックス	ひたいのしわボトックス
윤곽주사	輪郭注射	りんかくちゅうしゃ
리쥬란 힐러	リジュランヒーラー	リジュランヒーラー
MTS	ダーマペン	ダーマペン
RADIESSE	RADIESSEフィラー	ラディエッセフィラー
포텐자	ポテンツァ	ポテンツァ
PN성분	ポリヌクレオチド(PN)	ポリヌクレオチド
쥬베룩 스킨	ジュベルックスキン	ジュベルックスキン
쥬베룩 볼륨	ジュベルックボリューム	ジュベルックボリューム
물광주사	水光注射	すいこうちゅうしゃ

LDM	LDM(水玉リフティング)	エルディーエム(みずたまりフティング)
블랙헤드	毛穴の黒ずみ・角栓	けあなのくろずみ・かくせん
홍조	赤み	あかみ
여드름 흉터	ニキビ跡、クレーター	にきびあと、クレーター
색소 치료 레이저	シミ取りレーザー	しみとりレーザー
기미 치료	シミ治療(肝斑)	しみちりょう(かんぱん)
흉터 제거 레이저	傷跡除去レーザー	きずあとじょきょレーザー
모공 관리	毛穴ケア	けあなケア
모공 축소	毛穴縮小	けあなしゅくしょう
피부결 개선	肌質改善	はだしつかいぜん
미백	美白	びはく
점 제거	ほくろ除去	ほくろじょきょ
피부	肌	はだ
모공	毛穴	けあな
기미	シミ	しみ
잡티	くすみ / そばかす	くすみ / そばかす
여드름	ニキビ	にきび
민감성 피부	敏感肌	びんかんはだ
건성 피부	乾燥肌	かんそうはだ
지성 피부	脂性肌	しせいはだ
복합성 피부	混合肌	こんごうはだ
피부톤	肌トーン	はだとーん
각질	角質	かくしつ
탄력	ハリ	はり
주름	シワ	しわ
처짐	たるみ	たるみ
피지	皮脂	ひし
수분 부족	水分不足	すいぶんぶそく
트러블	肌トラブル	はだとらぶる
염증	炎症	えんしょう
색소 침착	色素沈着	しきそちんちゃく

보습	保湿	ほしつ
자외선 차단	日焼け止め	ひやけどめ
세안	洗顔	せんがん
화장 제거	メイク落とし	めいくおとし
관리하다	ケアする	けあする
시술	施術	せじゅつ
마취 크림	麻酔クリーム	ますいくりーむ
따갑다	ピリピリする	ぴりぴりする
붓다	腫れる	はれる
가렵다	かゆい	かゆい
통증	痛み	いたみ
당김감	つっぱり感	つっぱりかん
붉어짐	赤みが出る	あかみがでる
냉찜질하다	冷やす	ひやす
연고 바르다	軟膏を塗る	なんこうをぬる
회복하다	回復する	かいふくする
자연스러워지다	自然になる	しぜんになる
재방문	再来院	さいらいいん
사진 보내다	写真を送る	しゃしんをおくる
경과 확인	経過確認	けいかかくにん
다음 방문은	次の来院は	つぎのらいいんは
수분 크림	保湿クリーム	ほしつくりーむ
진정 팩	鎮静パック	ちんせいぱっく
트러블 진정	トラブル鎮静	とらぶるちんせい
흉터 개선	傷跡改善	きずあとかいぜん
레이저 치료	レーザー治療	れーざーちりょう
스킨 부스터	スキンブースター	すきんぶーすたー
리프팅	リフト	りふと
토닝	トーニング	とーにんぐ
필링	ピーリング	ぴーりんぐ
관리 프로그램	管理プログラム	かんりぷろぐらむ
수분 공급	水分補給	すいぶんほきゅう

색소 완화	色素を薄くする	しきそをうすくする
레이저 후	レーザー後	れーざーご
자극 주의	刺激に注意	しげきにちゅうい
격한 운동	激しい運動	はげしいうんどう
사우나	サウナ	さうな
음주	飲酒	いんしゅ
햇볕 노출	日差しに当たる	ひざしにあたる
재시술	再施術	さいせじゅつ

2. 성형외과(눈)

한국어	일본어	발음
쌍꺼풀 수술	二重手術	ふたえしゅじゅつ
자연 유착법	自然癒着法	しぜんゆちゃくほう
매몰법	埋没法	まいぼつほう
절개법	切開法	せっかいほう
앞트임	目頭切開	めがしらせっかい
뒤트임	目尻切開	めじりせっかい
밑트임	目下切開	めしたせっかい
눈매 교정	目つき矯正 目元矯正	めつききょうせい めもときょうせい
상안검거근	挙筋	きょきん
피부 절개	皮膚切開	ひふせっかい
봉합	縫合	ほうごう
절개선	切開ライン	せっかいらいん
지방 제거	脂肪除去	しぼうじょきょ
눈 밑 지방 재배치	目の下脂肪再配置	めのしたしぼうさいはいち
안검하수	眼瞼下垂	がんけんかすい
눈썹 거상술	眉下リフティング術	まゆしたリフティングじゅつ
눈썹 거상술 (내시경)	眉下切開術(内視鏡)	まゆしたせっかいじゅつ (ないしきょう)
상안검 성형	上瞼整形	うわまぶたせいけい
하안검 성형	下瞼整形	したまぶたせいけい
눈꺼풀 두꺼움	まぶたの厚み	まぶたのあつみ
지방이 많다	脂肪が多い	しぼうがおおい
부기가 오래간다	腫れが長引く	はれがながびく
흉터	傷跡	きずあと
실밥 제거	抜糸	ばっし
회복 기간	回復期間	かいふくきかん
멍	内出血	ないしゅっけつ

붓기	腫れ	はれ
통증	痛み	いたみ
건조감	乾燥感	かんそうかん
시야	視界	しかい
눈물	涙	なみだ
인공 눈물	人工涙液	じんこうるいえき
눈꼬리	目尻	めじり
속눈썹	まつげ	まつげ
눈꺼풀	まぶた	まぶた
쌍꺼풀 라인	二重ライン	ふたえらいん
눈동자 노출	黒目の見え方	くろめのみえかた
자연스러운 인상	ナチュラルな印象	ナチュラルないんしょう
또렷한 인상	はっきりした印象	はっきりしいんしょう
부드러운 인상	優しい印象	やさしいいんしょう
수술 전 디자인	手術前のデザイン	しゅじゅつまえのでざいん
수술 시간	所要時間	しょようじかん
국소 마취	局所麻酔	きょくしょますい
수면 마취	睡眠麻酔	すいみんますい
마취 크림	麻酔クリーム	ますいくりーむ
붓기 완화제	腫れ止め薬	はれどめぐすり
흉터 연고	傷跡用軟膏	きずあとようなんこう
냉찜질	アイシング(冷やす)	アイシング（ひやす）
온찜질	温める	あたためる
재수술	再手術	さいしゅじゅつ
비대칭	左右差	さゆうさ
감각 둔함	感覚が鈍い	かんかくがにぶい
실밥 자국	糸の跡	いとのあと
시술 전후 비교	施術前後の比較	せじゅつぜんごのひかく
회복 중	回復中	かいふくちゅう

3. 성형외과(코)

한국어	일본어	발음
코 성형	鼻整形	はなせいけい
콧대	鼻筋	はなすじ
코끝	鼻先	はなさき
비주	鼻柱	びちゅう
콧볼	小鼻	こばな
비순각	鼻唇角	びしんかく
비중격	鼻中隔	びちゅうかく
자가 연골	自家軟骨	じかなんこつ
비중격 연골	鼻中隔軟骨	びちゅうかくなんこつ
귀 연골	耳軟骨	じなんこつ
늑연골	肋軟骨	ろくなんこつ
자가 늑연골	自家肋軟骨	じかろくなんこつ
기증 늑연골	提供肋軟骨	ていきょうろくなんこつ
맞춤	オーダーメイド	オーダーメイド
실리콘	シリコン(プロテーゼ)	シリコン(プロテーゼ)
고어텍스	ゴアテックス	ごあてっくす
콧대 성형	鼻筋整形	はなすじせいけい
코끝 성형	鼻尖形成	びせんけいせい
개방	オープン法	オープンほう
비개방	クローズ法	クローズほう
매부리코	わし鼻	わしばな
긴 코	長い鼻	ながいはな
휜 코	曲がった鼻	まがったはな
들창코	上向き鼻	うわむきばな
낮은 코	低い鼻	ひくいはな
화살코	矢印鼻	やじるしばな
찝힌 코	ピンチノーズ	ピンチノーズ
구축 코	拘縮鼻	こうしゅくばな

코 재수술	鼻の再手術	はなのさいしゅじゅつ
기능 코 성형	機能性鼻整形手術	きのうせいびせいけいしゅじゅつ
하비갑개	下鼻甲介	かびこうかい
콧볼 거상	鼻翼挙上術 小鼻挙上術	びよくきょじょうじゅつ こばなきょじょうじゅつ
콧볼 내리기	鼻翼下降	びよくかこう
콧볼 축소	小鼻縮小	こばなしゅくしょう
절개선	切開ライン	せっかいらいん
콧구멍 비대칭	鼻の穴の左右差	はなのあなのさゆうさ
코끝 연장	鼻先延長	はなさきえんちょう
비중격 연장술	鼻中隔延長術	びちゅうかくえんちょうじゅつ
코 라인	鼻ライン	はならいん
윤곽	輪郭	りんかく
콧대 높이기	鼻筋を高くする	はなすじをたかくする
코끝 내리기	鼻先を下げる	はなさきをさげる
코끝 올리기	鼻先を上げる	はなさきをあげる
콧볼 넓이	小鼻の広がり	こばなのひろがり
코 모양	鼻の形	はなのかたち
비대칭	左右差	さゆうさ
실밥 제거	抜糸	ばっし
회복 기간	回復期間 DT	かいふくきかん ダウンタイム
통증	痛み	いたみ
부기	腫れ	はれ
멍	内出血	ないしゅっけつ
흉터	傷跡	きずあと
염증	炎症	えんしょう
구축	拘縮	こうしゅく
감염	感染	かんせん
재수술	再手術	さいしゅじゅつ
마취	麻酔	ますい
국소 마취	局所麻酔	きょくしょますい

수면 마취	睡眠麻酔	すいみんますい
실밥 자국	糸の跡	いとのあと
비개방	クローズ法	クローズほう
개방	オープン法	オープンほう
콧구멍 안쪽 절개	鼻孔内切開	びこうないせっかい
외부 절개	外切開	がいせっかい
코끝 높이	鼻先の高さ	はなさきのたかさ
코 길이	鼻の長さ	はなのながさ
비주 내리기	鼻柱下降	びちゅうかこう

4. 성형외과(안면윤곽, 가슴, 기타)

한국어	일본어	발음
인중 축소술	人中短縮術	じんちゅうたんしゅくじゅつ
안면 거상술	フェイスリフト	ふぇいすりふと
이마 거상술	額リフト	ひたいリフト
눈썹 거상술	眉毛リフト	まゆげリフト
목 거상술	ネックリフト	ネックリフト
실 리프팅	糸リフト(スレッドリフト)	いとリフト
안면윤곽 수술	輪郭整形手術	りんかくせいけいしゅじゅつ
얼굴 축소 수술	小顔手術	こがおしゅじゅつ
윤곽 3점	輪郭3点	りんかくさんてん
사각턱 수술	エラ削り	えらけずり
광대 축소술	頬骨縮小術	ほおぼねしゅくしょうじゅつ
턱끝 수술	オトガイ形成術	おとがいけいせいじゅつ
양악 수술	両顎手術	りょうがくしゅじゅつ
가슴 지방 이식	脂肪注入豊胸術 脂肪豊胸	しぼうちゅうにゅうほうきょうじゅつ しぼうほうきょう
가슴 확대술	豊胸術	ほうきょうじゅつ
보형물 가슴 성형	シリコンバッグ豊胸術 / プロテーゼ豊胸	しりこんバッグほうきょうじゅつ / プロテーゼほうきょう
실리콘 보형물	シリコンバッグ	しりこんバッグ
식염수 보형물	生理食塩水バッグ豊胸	せいりしょくえんすいバッグほうきょう
하이브리드 가슴 성형	ハイブリッド豊胸術	ハイブリッドほうきょうじゅつ
가슴 거상술	乳房吊り上げ術 / マストペクシー	にゅうぼうつりあげじゅつ / マストペクシー
유두 축소술	乳頭縮小術	にゅうとうしゅくしょうじゅつ
유륜 축소술	乳輪縮小術	にゅうりんしゅくしょうじゅつ
남성 유방 수술	男性乳房縮小術	だんせいにゅうぼうしゅくしょうじゅつ
보형물 제거	プロテーゼ除去	プロテーゼじょきょ
가슴 재수술	胸の再手術	むねのさいしゅじゅつ

5. 부인과

한국어	일본어	발음
부인과 진료	婦人科診療	ふじんかしんりょう
산부인과	産婦人科	さんふじんか
여성의원	女性クリニック	じょせいくりにっく
초음파 검사	超音波検査	ちょうおんぱけんさ
내진	内診	ないしん
난관(나팔관)	卵管	らんかん
소음순	小陰唇	しょういんしん
대음순	大陰唇	だいいんしん
난소	卵巣	らんそう
난소 낭종	卵巣嚢腫	らんそうのうしゅ
난소 절제술	卵巣摘出術	らんそうてきしゅつじゅつ
제왕절개	帝王切開	ていおうせっかい
불규칙 월경	不規則月経	ふきそくげっけい
무월경	無月経	むげっけい
질 출혈	膣出血	ちつしゅっけつ
냉(분비물)	おりもの	おりもの
질염	膣炎	ちつえん
세균성 질염	細菌性膣炎	さいきんせいちつえん
칸디다 질염	カンジダ膣炎	かんじだちつえん
매독	梅毒	ばいどく
자궁	子宮	しきゅう
자궁 경부	子宮頸部	しきゅうけいぶ
자궁 근종	子宮筋腫	しきゅうきんしゅ
자궁 내막증	子宮内膜症	しきゅうないまくしょう
자궁 적출술	子宮摘出術	しきゅうてきしゅつじゅつ
자궁경부 세포 검사	子宮頸部細胞診	しきゅうけいぶさいぼうしん
생리	生理	せいり

생리통	生理痛	せいりつう
생리 불순	生理不順	せいりふじゅん
배란	排卵	はいらん
배란일	排卵日	はいらんび
질 초음파	経腟エコー	けいちつえこー
복부 초음파	腹部エコー	ふくぶえこー
피임약	避妊薬	ひにんやく
피임 기구	避妊具	ひにんぐ
콘돔	コンドーム	こんどーむ
생리컵	月経カップ	げっけいかっぷ
질세정	腟洗浄	ちつせんじょう
소음순 수술	小陰唇縮小手術	しょういんしんしゅくしょうしゅじゅつ
질 타이트닝	腟タイトニング	ちつたいとにんぐ
질 레이저	腟レーザー	ちつれーざー
미백 시술	美白施術	びはくしじゅつ
여성 호르몬	女性ホルモン	じょせいほるもん
호르몬 불균형	ホルモンバランスの乱れ	ほるもんばらんすのみだれ
갱년기	更年期	こうねんき
질 건조증	腟乾燥症	ちつかんそうしょう
성교통	性交痛	せいこうつう
분비물	おりもの	おりもの
악취	悪臭	あくしゅう
가려움	かゆみ	かゆみ
외음부	外陰部	がいいんぶ
HPV 검사	HPV 検査	えいちぴーぶいけんさ
소독	消毒	しょうどく
국소 마취	局所麻酔	きょくしょますい
수면 마취	睡眠麻酔	すいみんますい
실밥 제거	抜糸	ばっし
회복 기간	回復期間	かいふくきかん
통증	痛み	いたみ

부기	腫れ	はれ
염증	炎症	えんしょう
항생제	抗生物質	こうせいぶっしつ
연고	軟膏	なんこう
좌욕	座浴	ざよく
재진	再診	さいしん
수술비	手術費用	しゅじゅつひよう
보험 적용	保険適用	ほけんてきよう
예약	予約	よやく
상담	カウンセリング	かうんせりんぐ

6. 안과

한국어	일본어	발음
시력 검사	視力検査	しりょくけんさ
안압 검사	眼圧検査	がんあつけんさ
시야 검사	視野検査	しやけんさ
각막	角膜	かくまく
망막	網膜	もうまく
수정체	水晶体	すいしょうたい
홍채	虹彩	こうさい
동공	瞳孔	どうこう
백내장	白内障	はくないしょう
녹내장	緑内障	りょくないしょう
황반 변성	黄斑変性	おうはんへんせい
각막염	角膜炎	かくまくえん
망막 질환	網膜の疾患	もうまくのしっかん
결막염	結膜炎	けつまくえん
눈부심	まぶしさ	まぶしさ
흐린 시야	かすみ目	かすみめ
복시(겹쳐 보임)	複視	ふくし
비문증(날파리증)	飛蚊症	ひぶんしょう
충혈	充血	じゅうけつ
시력 저하	視力低下	しりょくていか
시력 교정 수술	視力矯正手術	しりょくきょうせいしゅじゅつ
시력 회복 수술	視力回復手術	しりょくかいふくしゅじゅつ
라식	LASIK(レーシック)	れーしっく
라섹	LASEK(ラセック)	らせっく
스마일라식	スマイルレーシック	すまいるれーしっく
ICL 렌즈 삽입술	ICL眼内レンズ挿入術	あいしーえるがんないれんずそうにゅうじゅつ
인공수정체	人工水晶体	じんこうすいしょうたい
각막 두께	角膜の厚さ	かくまくのあつさ

각막 절편	角膜フラップ	かくまくふらっぷ
각막 혼탁	角膜混濁	かくまくこんだく
근시	近視	きんし
원시	遠視	えんし
난시	乱視	らんし
안압	眼圧	がんあつ
안구 건조증	ドライアイ	どらいあい
인공 눈물	人工涙液	じんこうるいえき
각막 절삭기	レーザー角膜切除装置	れーざーかくまくせつじょそうち
레이저 조사	レーザー照射	れーざーしょうしゃ
절개	切開	せっかい
회복 기간	回復期間	かいふくきかん
수술 후 관리	術後管理	じゅつごかんり
보호 렌즈	保護コンタクトレンズ	ほごこんたくとれんず
안약	点眼薬	てんがんやく
항생제 안약	抗生物質点眼薬	こうせいぶっしつてんがんやく
소염제	抗炎症薬	こうえんしょうやく
빛 번짐	ハロー・グレア	はろー・ぐれあ
시야 흐림	視界のぼやけ	しかいのぼやけ
야간 시력 저하	夜間視力の低下	やかんしりょくのていか
일시적 통증	一時的な痛み	いちじてきないたみ
눈물	涙	なみだ
붓기	腫れ	はれ
염증	炎症	えんしょう
재수술	再手術	さいしゅじゅつ
마취	麻酔	ますい
점안 마취	点眼麻酔	てんがんますい
시력 안정	視力安定	しりょくあんてい
안경	メガネ	めがね
렌즈	コンタクトレンズ	こんたくとれんず
시력 개선	視力改善	しりょくかいぜん
수술 부위	手術部位	しゅじゅつぶい
병변 부위	病変部位	びょうへんぶい

7. 치과

한국어	일본어	발음
치과 진료	歯科診療	しかしんりょう
구강 검사	口腔検査	こうくうけんさ
치과 방사선 촬영 (X-ray)	歯科レントゲン撮影	しかレントゲンさつえい
스케일링	スケーリング	スケーリング
치아	歯	は
잇몸	歯茎	はぐき
치근	歯根	しこん
치조골	歯槽骨	しそうこつ
충치(치아우식증)	虫歯 / 齲蝕	むしば / うしょく
치주염	歯周炎	ししゅうえん
치은염	歯肉炎	しにくえん
사랑니(제3대구치)	親知らず	おやしらず
턱관절 장애	顎関節症	がくかんせつしょう
충치 치료	虫歯治療	むしばちりょう
신경 치료 (근관 치료)	根管治療	こんかんちりょう
발치	抜歯	ばっし
임플란트	インプラント	インプラント
보철 치료 (크라운·브리지)	補綴治療	ほてつちりょう
교정 치료	矯正治療	きょうせいちりょう
부정교합	不正咬合	ふせいこうごう
와이어 교정	ワイヤー矯正	ワイヤーきょうせい
인비절라인 교정	マウスピース矯正	マウスピースきょうせい
설측 교정	裏側矯正	うらがわきょうせい
치열	歯並び	はならび
치통	歯痛	しつう

잇몸 출혈	歯茎からの出血	はぐきからのしゅっけつ
시린 증상	知覚過敏・キーンとする	ちかくかびん
구취(입 냄새)	口臭	こうしゅう
턱 통증	顎の痛み	あごのいたみ

〈피부과 문장 연습〉

한국어	일본어
오늘은 어떤 점이 가장 고민이신가요?	今日はどんなお悩みがありますか？
최근 피부 상태는 어떠신가요?	最近のお肌の状態はいかがですか？
이전에 시술을 받은 적이 있으신가요?	以前に施術を受けたことはありますか？
어떤 시술을 받으셨나요?	どんな施術を受けられましたか？
언제 받으셨나요?	いつ受けられましたか？
시술 후 부작용은 없으셨나요?	施術後に副作用はありませんでしたか？
현재 복용 중인 약이 있나요?	現在服用している薬はありますか？
알레르기가 있으신가요?	アレルギーはありますか？
오늘은 시술 전 상담부터 진행하겠습니다.	本日は施術前のカウンセリングから進めます。
거울 보면서 함께 확인해 보겠습니다.	鏡を見ながら一緒に確認していきましょう。
여드름 자국과 모공이 함께 보입니다.	ニキビ跡と毛穴の開きが見られます。
피부가 조금 건조한 편입니다.	少し乾燥気味の肌です。
오늘은 진정과 보습 중심으로 관리하겠습니다.	今日は鎮静と保湿を中心にケアします。
시술 중 약간 따가울 수 있습니다.	施術中に少しピリピリする場合があります。
통증은 거의 없습니다.	痛みはほとんどありません。
시술 후 붉어짐이 잠시 있을 수 있습니다.	施術後に赤みが少し出ることがあります。
붓기나 멍은 하루 이틀 내에 가라앉습니다.	腫れや内出血は1〜2日で落ち着きます。
세안은 내일부터 가능합니다.	洗顔は明日から可能です。
자외선 차단제를 꼭 발라 주세요.	日焼け止めを必ず塗ってください。
오늘은 자극적인 음식과 음주는 피해 주세요	今日は刺激の強い食べ物や飲酒を避けてください。
사우나나 찜질방은 일주일 후부터 가능합니다.	サウナや汗蒸幕は1週間後から可能です。

붓기 완화를 위해 냉찜질을 해주세요.	腫れを抑えるために冷やしてください。
약은 식후에 하루 세 번 복용해 주세요.	薬は食後に1日3回服用してください。
불편감이 심하면 병원으로 연락해 주세요.	不快感が強い場合は病院にご連絡ください。
일주일 후 경과 확인이 있습니다.	1週間後に経過チェックがあります。
사진으로 상태를 확인해도 괜찮습니다.	写真で状態を確認することも可能です。
혹시 통증이나 열감이 있으신가요?	痛みや熱感はありますか？
현재 상태는 정상 회복 범위입니다.	現在の状態は正常な回復範囲です。
오늘 수고 많으셨습니다.	本日お疲れさまでした。
조심히 돌아가세요.	気をつけてお帰りください。

한국어	일본어
피코토닝은 색소를 분해해 피부톤을 맑게 해 주는 레이저 시술입니다.	ピコトーニングは、色素を分解して肌トーンを明るくするレーザー施術です。
멜라닌 색소를 미세하게 쪼개기 때문에 회복 기간이 짧습니다.	メラニン色素を細かく分解するため、ダウンタイムが短いです。
시술 후 약간의 붉어짐이 생길 수 있습니다.	施術後に少し赤みが出ることがあります。
리쥬란은 피부 재생을 촉진하는 PN 성분 주사입니다.	リジュランは、肌の再生を促すPN成分の注射です。
피부 탄력과 잔주름 개선에 효과가 있습니다.	肌のハリや小ジワの改善に効果があります。
주사 부위에 일시적인 붓기나 멍이 생길 수 있습니다.	注射部位に一時的な腫れや内出血が出ることがあります。
쥬베룩은 콜라겐 생성을 촉진해 피부 탄력을 높여 줍니다.	ジュベルックは、コラーゲン生成を促して肌の弾力を高めます。
시술 후 3~4일 정도 피부가 당길 수 있습니다.	施術後3〜4日ほど肌につっぱり感が出ることがあります。
쥬베룩은 시술 후 점점 자연스럽게 탄력이 차오릅니다.	ジュベルックは、施術後に少しずつ自然なハリが出てきます。
인모드FX는 고주파 열에너지로 지방층을 타이트닝하는 시술입니다.	インモードFXは、高周波の熱エネルギーで脂肪層を引き締める施術です。
리프팅 효과와 피부 탄력 개선을 동시에 기대할 수 있습니다.	リフト効果と肌の弾力アップを同時に期待できます。

한국어	일본어
시술 부위가 살짝 붉어지거나 열감이 있을 수 있습니다.	施術部位が少し赤くなったり熱を感じることがあります。
온다리프트는 고주파와 초음파를 결합한 리프팅 시술입니다.	オンダリフトは、高周波と超音波を組み合わせたリフト施術です。
얼굴선 정리와 피부 탄력 개선에 좋습니다.	フェイスラインの引き締めや肌の弾力改善に効果的です。
스킨부스터는 피부 속 수분과 영양을 채워주는 시술입니다.	スキンブースターは、肌の内側に水分と栄養を補う施術です。
시술 후 즉시 촉촉함을 느낄 수 있습니다.	施術直後からうるおいを実感できます。
효과를 유지하기 위해 한 달 간격으로 3회 이상 권장됩니다.	効果を維持するために、1ヶ月おきに3回以上の施術をおすすめします。
토닝과 스킨부스터를 병행하면 시너지 효과가 있습니다.	トーニングとスキンブースターを併用すると相乗効果があります。
자극이 강하지 않아 민감성 피부도 가능합니다.	刺激が強くないので、敏感肌の方でも可能です。
시술 전에는 반드시 화장을 지워야 합니다.	施術前には必ずメイクを落としてください。
시술 후에는 자외선 차단을 꼭 해주세요.	施術後は日焼け止めを必ず塗ってください。
효과는 개인차가 있습니다	効果には個人差があります。
시술 후 3~5일은 피부 자극을 피해 주세요.	施術後3〜5日は刺激を避けてください。
재시술은 3~4주 후부터 가능합니다.	再施術は3〜4週間後から可能です。

한국어	일본어
시술 후 상태는 어떠신가요?	施術後の状態はいかがですか？
붓기나 통증은 어떤가요?	腫れや痛みはいかがですか？
붓기는 언제부터 생겼나요?	腫れはいつから出ていますか？
통증의 강도를 0부터 10까지로 표현하면 몇 정도인가요?	痛みの強さを0から10までで表すとどのくらいですか？
한쪽만 부었나요, 양쪽 다인가요?	片方だけですか？両方ですか？
열감이나 따가움은 있나요?	熱感やピリピリ感はありますか？
멍은 점점 옅어지고 있나요?	内出血は少しずつ薄くなっていますか？
피부가 당기는 느낌은 있나요?	肌につっぱり感はありますか？

가려움이나 붉은 반점은 생기지 않았나요?	かゆみや赤い発疹は出ていませんか？
분비물이나 냄새가 느껴지시나요?	分泌物や臭いは感じますか？
체온이 올라가거나 열이 나시나요?	体温が上がったり、熱が出ていますか？
약은 처방대로 복용하고 계신가요?	薬は指示通りに服用されていますか？
연고는 하루 몇 번 바르고 계신가요?	軟膏は1日に何回塗っていますか？
세안은 언제부터 시작하셨나요?	洗顔はいつから始めましたか？
세안 후 자극감이나 따가움은 없으신가요?	洗顔後に刺激やピリピリ感はありませんか？
메이크업은 하셨나요?	メイクはされていますか？
자외선 차단제는 바르고 계신가요?	日焼け止めは塗っていますか？
운동이나 사우나는 아직 피하고 계신가요?	運動やサウナはまだ控えていますか？
붓기 완화를 위해 냉찜질은 하셨나요?	腫れを抑えるために冷やしましたか？
혹시 불편한 점이 남아 있나요?	まだ不快なところはありますか？
현재 상태는 정상 회복 범위로 보입니다.	現在の状態は正常な回復範囲に見えます。
조금 더 지켜보시고 변화가 없으면 병원으로 연락해 주세요.	もう少し様子を見て、変化がなければクリニックへご連絡ください。
혹시 사진으로 상태를 보내 주실 수 있나요?	状態の写真を送っていただけますか？
자연광에서 정면, 좌우 측면 포함 5장 정도 부탁드립니다.	自然光で正面・左右側面を含めて5枚ほど撮影してください。
혹시 이전보다 악화된 부분이 있나요?	以前より悪化した部分はありますか？
증상이 심해지면 즉시 내원해 주세요.	症状が強くなった場合はすぐにご来院ください。
다음 재진 일정은 ○일 후입니다.	次の再診は○日後になります。
경과는 안정적입니다.	経過は安定しています。

한국어	일본어
걱정되시죠. 우선 현재 상태를 정리해서 의료진과 확인하겠습니다.	ご心配ですよね。まず現在の状態を整理して、医師に確認いたします。
지금 단계에서는 크게 이상은 없어 보이지만, 정확한 판단을 위해 확인드리겠습니다.	現時点では大きな異常は見られませんが、正確な判断のために確認いたします。
모든 환자분께 동일하게 안내드리는 내용이니 안심하세요.	すべての患者様に同じようにご案内していますのでご安心ください。

통증이 심해지거나 열이 나면 바로 연락 주세요.	痛みが強くなったり熱が出た場合は、すぐにご連絡ください。
일시적인 붓기와 당김감은 대부분 자연히 가라앉습니다.	一時的な腫れやつっぱり感は、多くの場合自然に落ち着きます。
오늘은 조금 불편할 수 있지만, 며칠 후에는 안정될 가능성이 높습니다.	今日は少し不快に感じるかもしれませんが、数日後には落ち着く可能性が高いです。
현재로서는 경과를 지켜보는 것이 가장 안전합니다.	現時点では経過を見守るのが最も安全です。
혹시라도 불안하시다면, 사진을 보내주시면 상태를 함께 확인하겠습니다.	ご不安な場合は、写真を送っていただければ一緒に確認いたします。
의료진이 직접 확인 후 필요한 조치를 안내드릴 예정입니다.	医師が直接確認したうえで、必要な対応をご案内いたします。
정상적인 회복 과정에서 일시적인 붓기·멍·당김이 나타날 수 있습니다.	正常な回復過程で一時的な腫れ・内出血・つっぱり感が出ることがあります。
현재 증상은 회복 범위 안으로 보입니다. 조금 더 지켜봐 주세요.	現在の症状は回復の範囲内に見えます。もう少し様子を見てください。
혹시 모를 이상에 대비해 의료진과 바로 공유하겠습니다.	念のため、医師とすぐに共有いたします。
통증이 심하거나 불편하시면 언제든 연락 주세요.	痛みが強い場合やご不安な時は、いつでもご連絡ください。
환자분의 상태를 잘 기록해서 다음 상담 때 함께 확인하겠습니다.	患者様の状態を記録して、次回の相談時に一緒に確認いたします。
불편함이 있으셔서 많이 신경 쓰이실 것 같습니다.	不快感があって、とても気になっていらっしゃると思います。
증상을 수치로 표현해 주시면 정확하게 전달드릴 수 있습니다.	数値で教えていただけると、より正確にお伝えできます。
"괜찮다"는 단정 대신, 의사의 판단을 받아 보시는 것이 안전합니다.	「大丈夫」と断定するのではなく、医師の判断を仰ぐのが安全です。
경과가 좋아 보이지만, 끝까지 주의 깊게 관리하겠습니다.	経過は良好に見えますが、最後まで注意深く管理いたします。
걱정되는 마음 충분히 이해합니다. 저희가 함께 확인하겠습니다.	ご心配なお気持ちは十分理解しています。こちらで一緒に確認いたします。

불편함이 오래 지속되면 꼭 병원으로 내원해 주세요.	不快感が長く続く場合は、必ずご来院ください。
다음 내원 시에는 회복 상태를 세밀히 점검할 예정입니다.	次回の来院時に回復状態を詳しく確認いたします。
의료진이 항상 회복 과정을 모니터링하고 있으니 안심하세요.	医師が常に回復の経過を確認していますのでご安心ください。
추가로 궁금하신 점이 있으신가요?	何かご不明な点やご質問はございますか？
답변을 들은 후 다시 정리해서 안내드리겠습니다.	医師からの回答を確認後、改めてご案内いたします。

〈성형외과 문장 연습: 눈〉

한국어	일본어
쌍꺼풀 라인을 어떻게 하고 싶으신가요?	どのような二重ラインをご希望ですか？
자연스러운 느낌으로 원하시나요, 또렷한 느낌으로 원하시나요?	自然な感じをご希望ですか、それともはっきりしたラインをご希望ですか？
앞트임이나 뒤트임에도 관심이 있으신가요?	目頭切開や目尻切開にもご関心がありますか？
눈이 작거나 답답해 보인다고 느끼시나요?	目が小さく見える、または重たく感じることがありますか？
눈꺼풀이 두꺼워서 라인이 잘 안 잡힐 수 있습니다.	まぶたが厚いため、ラインが出にくい場合があります。
부기가 얼마나 지속되는지 궁금하신가요?	腫れがどのくらい続くか気になりますか？
오늘은 디자인 확인과 최종 설명이 있습니다.	今日はデザインの確認と最終説明があります。
수술은 국소마취 또는 수면마취로 진행됩니다.	手術は局所麻酔または睡眠麻酔で行います。
절개 부위는 이 부분이 됩니다.	切開する部分はこちらになります。
수술 시간은 약 1시간 정도 소요됩니다.	手術時間はおよそ1時間ほどです。
수술 후에는 바로 귀가하실 수 있습니다.	手術後はすぐにご帰宅いただけます。
눈이 부어 있고 시야가 약간 흐릴 수 있습니다.	目が腫れて、視界が少しぼやけることがあります。
통증은 개인차가 있지만 대부분 견딜 만한 정도입니다.	痛みには個人差がありますが、多くの場合我慢できる程度です。
냉찜질은 수술 후 바로 시작하시면 됩니다.	手術直後から冷却を始めてください。
실밥 제거는 일주일 후에 진행됩니다.	抜糸は1週間後に行います。
수술 후 2~3일은 눈이 많이 부을 수 있습니다.	手術後2～3日は目が大きく腫れることがあります。
부기나 멍은 정상적인 회복 과정입니다.	腫れや内出血は正常な回復過程です。
양쪽 부기 속도가 달라 보일 수 있습니다.	左右で腫れの引き方が違って見えることがあります。
실밥 제거 후부터는 점점 자연스러워집니다.	抜糸後から徐々に自然になっていきます。

눈이 완전히 자리 잡기까지는 약 한 달 정도 걸립니다.	目の形が安定するまでには約1ヶ月ほどかかります。
눈이 건조할 수 있으니 인공눈물을 자주 넣어 주세요.	目が乾きやすいので人工涙液をこまめに入れてください。
열감·고열·심한 통증이 있으면 바로 연락 주세요.	熱感・高熱・強い痛みがある場合はすぐにご連絡ください。
세안은 3일 후부터 가능합니다.	洗顔は3日後から可能です。
렌즈 착용은 일주일 후부터 가능합니다.	コンタクトレンズの着用は1週間後から可能です。
눈을 세게 비비지 말아 주세요.	目を強くこすらないようにしてください。
상처 부위에 연고는 하루 2회 바르세요.	傷口には1日2回、軟膏を塗ってください。
부기가 빠지는 시점은 사람마다 다릅니다.	腫れの引く時期は人によって異なります。
실밥 제거 후에는 온찜질을 시작해도 괜찮습니다.	抜糸後は温罨法を始めても大丈夫です。
재수술은 최소 3개월 이후에 가능합니다.	再手術は少なくとも3ヶ月以降に可能です。
대칭이 완전히 맞는 데에는 시간이 필요합니다.	左右が完全に整うまでには時間がかかります。
수술 결과에 만족하시나요?	手術の結果にご満足されていますか？

〈성형외과 문장 연습: 코〉

한국어	일본어
코끝이 너무 뾰족해 보이는 게 고민이에요	鼻先がとがって見えるのが気になります
콧대가 낮아서 얼굴이 평평해 보여요.	鼻筋が低くて顔が平らに見えます。
자연스러운 코 모양으로 하고 싶어요.	自然な鼻の形にしたいです。
너무 높지 않게, 부드러운 라인이 좋습니다.	高すぎず、やわらかなラインがいいです。
코끝을 조금만 내리고 싶어요.	鼻先を少し下げたいです。
매부리 부분만 정리하고 싶어요.	鷲鼻の部分だけを整えたいです。
콧망울이 넓어서 줄이고 싶어요.	小鼻が広いので小さくしたいです。
콧구멍 비대칭이 신경 쓰여요.	鼻の穴の左右差が気になります。
비중격 연골을 사용해서 연장할 예정입니다.	鼻中隔軟骨を使って延長する予定です。
귀연골은 코끝에 사용됩니다.	耳軟骨は鼻先に使用されます。
수술 시간은 약 2시간 정도입니다.	手術時間は約2時間ほどです。
수술 후 일주일 정도는 부기가 있습니다.	手術後1週間ほどは腫れがあります。
실밥 제거는 일주일 후에 진행됩니다.	抜糸は1週間後に行います。
초기에는 코끝이 딱딱하게 느껴질 수 있습니다.	最初は鼻先が硬く感じることがあります。
붓기와 멍은 점차 가라앉습니다.	腫れや内出血は徐々に引いていきます。
콧속은 절대 손대지 마세요.	鼻の中は絶対に触らないでください。
흉터 연고는 하루 2회 바르세요.	傷跡用の軟膏は1日2回塗ってください。
냉찜질은 수술 후 2~3일간 해 주세요.	冷却は手術後2~3日間行ってください。
코를 세게 풀지 마세요.	強く鼻をかまないでください。
안경 착용은 최소 3주 후부터 가능합니다.	メガネの使用は少なくとも3週間後から可能です。
구축이나 염증이 의심되면 즉시 연락 주세요	拘縮や炎症の疑いがある場合はすぐにご連絡ください。
재수술은 최소 6개월 이후에 가능합니다.	再手術は少なくとも6ヶ月以降に可能です。

코끝이 자연스러워지는 데에는 시간이 걸립니다.	鼻先が自然になるまでには時間がかかります。
수술 부위를 눌러 보거나 만지지 마세요.	手術部位を押したり触ったりしないでください。
코 안이 건조할 때는 식염수 스프레이를 사용하세요.	鼻の中が乾燥する場合は生理食塩水スプレーを使用してください。
호흡이 불편하면 바로 알려 주세요.	呼吸がしづらい場合はすぐにお知らせください。
코끝이 너무 들린 느낌이 들면 상담이 필요합니다.	鼻先が上がりすぎた感じがある場合はご相談ください。

〈안과 문장 연습〉

한국어	일본어
시력교정수술에 관심이 있으신가요?	視力矯正手術にご関心がありますか？
안경이나 렌즈 착용이 불편하신가요?	メガネやコンタクトレンズが不便ですか？
라식과 라섹의 차이에 대해 설명드리겠습니다.	レーシックとラセックの違いについてご説明します。
스마일라식은 절개 부위가 매우 작습니다.	スマイルレーシックは切開範囲が非常に小さいです。
회복이 빠르고 통증이 적은 것이 장점입니다.	回復が早く、痛みが少ないのが特徴です。
각막 두께가 충분해야 수술이 가능합니다.	角膜の厚さが十分であれば手術が可能です。
안압과 동공 크기도 함께 확인합니다.	眼圧と瞳孔の大きさも一緒に確認します
수술은 점안마취로 진행됩니다.	手術は点眼麻酔で行います。
수술 시간은 약 10분 정도입니다.	手術時間は約10分ほどです。
수술 후 바로 일상생활은 가능하지만, 시야가 흐릴 수 있습니다.	手術後すぐに日常生活は可能ですが、視界がぼやけることがあります。
하루 정도는 눈을 쉬게 해 주세요.	1日ほど目を休ませてください。
눈이 건조할 수 있으니 인공눈물을 자주 넣어 주세요.	目が乾きやすいので人工涙液をこまめに入れてください。
세안과 메이크업은 3일 후부터 가능합니다.	洗顔とメイクは3日後から可能です。
수술 후 처음 며칠은 TV나 스마트폰 사용을 줄이세요.	手術後数日はテレビやスマートフォンの使用を控えてください。
빛 번짐이나 눈부심은 일시적인 증상입니다.	ハローやグレアは一時的な症状です。
시력이 안정되기까지는 약 한 달 정도 걸립니다.	視力が安定するまでには約1ヶ月ほどかかります。
보호용 렌즈는 2~3일 후 제거됩니다.	保護用コンタクトレンズは2～3日後に外します。
통증이 심하거나 시야가 급격히 흐려지면 바로 내원해 주세요.	強い痛みや急な視界のぼやけがある場合はすぐにご来院ください。

재수술이 필요한 경우는 매우 드뭅니다.	再手術が必要なケースは非常にまれです。
눈을 비비거나 압력을 주지 마세요.	目をこすったり圧をかけたりしないでください。
야간 시력이 흐릴 수 있으나 점차 개선됩니다.	夜間の視力がぼやけることがありますが、徐々に改善されます。
눈의 건조감은 보통 3개월 정도 지속될 수 있습니다.	目の乾燥感は通常3ヶ月ほど続くことがあります。
수술 후 첫 1개월은 정기 검진이 필요합니다.	手術後1ヶ月間は定期検診が必要です。
시력 회복이 잘 진행되고 있습니다.	視力の回復は順調です。
안약은 하루 4회, 1주일간 사용해 주세요.	点眼薬は1日4回、1週間使用してください。
통증이 거의 없으므로 걱정하지 않으셔도 됩니다.	痛みはほとんどありませんので、ご安心ください。
병원에서 안내드린 안약 외에는 사용하지 마세요.	病院で処方された点眼薬以外は使用しないでください。

〈부인과 문장 연습〉

한국어	일본어
어떤 증상으로 내원하셨나요?	どのような症状でご来院されましたか？
분비물이나 냄새가 신경 쓰이시나요?	おりものやにおいが気になりますか？
가려움이나 따가움이 있으신가요?	かゆみやヒリヒリ感はありますか？
생리 주기는 규칙적인가요?	生理の周期は規則的ですか？
최근 생리일은 언제였나요?	最近の生理日はいつでしたか？
피임은 어떤 방법을 사용하고 계신가요?	避妊はどのような方法を使っていますか？
질 초음파로 자궁과 난소를 확인하겠습니다.	経腟エコーで子宮と卵巣の状態を確認します。
검사 중에는 통증이 거의 없습니다.	検査中の痛みはほとんどありません。
결과는 3일 후에 나옵니다.	結果は3日後に出ます。
질염이 있으므로 약 처방을 드리겠습니다.	腟炎がありますので、お薬を処方します。
항생제는 하루 2번, 5일간 복용하세요.	抗生物質は1日2回、5日間服用してください。
연고는 외음부에 얇게 발라 주세요.	軟膏は外陰部に薄く塗ってください。
좌욕은 하루 1~2회, 10분 정도 해 주세요.	座浴は1日1～2回、10分ほど行ってください。
수술은 국소마취로 진행됩니다.	手術は局所麻酔で行います。
수술 시간은 약 1시간 정도입니다.	手術時間は約1時間ほどです。
수술 후 하루 정도는 통증이 있을 수 있습니다.	手術後1日ほど痛みが出る場合があります。
3일 후부터 샤워는 가능합니다.	3日後からシャワーが可能です。
실밥 제거는 일주일 후에 진행합니다.	抜糸は1週間後に行います。
성관계는 4주 후부터 가능합니다.	性交は4週間後から可能です。
불편감이 심하면 바로 연락 주세요.	違和感や痛みが強い場合はすぐにご連絡ください。
수술 부위가 가렵거나 붓는 것은 정상 회복 과정입니다.	手術部位のかゆみや腫れは正常な回復過程です。

냉찜질은 첫 2~3일간 해 주세요.	冷却は最初の2～3日間行ってください。
질 건조증 완화를 위한 레이저 시술이 있습니다.	膣乾燥を改善するレーザー施術があります。
색소침착이 있는 경우 미백 시술을 병행할 수 있습니다.	色素沈着がある場合、美白施術を併用できます。
시술 후 하루 정도는 분비물이 늘어날 수 있습니다.	施術後1日ほどおりものが増える場合があります。
불편하신 점은 바로 말씀해 주세요.	ご不快な点があればすぐお知らせください。
검사 결과는 라인으로 안내드리겠습니다.	検査結果はLINEでご案内いたします。

통역사가 '바로 안내' vs '반드시 통역' 판단 가이드

기본 원칙(3)

1. 기본은 통역: 환자 발화·의료진 발화는 일단 그대로 통역한다.

2. 사전 위임 + 공용정보는 안내 가능: 병원에서 공식화된 비의료·변동 없는 정보는 통역 없이 바로 안내해도 된다.

3. 추정 금지: 모르면 "확인 후 안내"로 전환. 개인 판단·추정·보태기 금지.

바로 안내해도 되는 경우(사전 합의·공개된 비의료 정보)

장소/동선/시설: 접수 창구, 촬영실, 탈의실, 화장실, 대기 위치, 층수, 이동 경로.

절차·운영: 대기 순서, 호출 방식, 운영시간, 연락처, 안내문에 적힌 규칙(촬영 제한, 마스크 등).

준비/행동 지시(비의료): 메이크업 제거, 액세서리/콘택트 제거, 머리띠 착용, 환복, 사진 촬영 방법.

예약 메타: 예약 시간 재확인, "순서 오면 안내", "서류 여기 제출" 등 정형 행정 안내.

이미 의료진이 말해 둔 사항의 '그대로 반복': 예) "세안은 내일 아침부터라고 의사 선생님이 말씀하셨어요."(새 정보 추가 없이 복창)

조건: 병원 내 공식 문구/정책이 있고, 변경 가능성이 낮으며, 권한 범위 안에서만.

반드시 통역해야 하는 경우(하나라도 해당하면 통역+담당자 연결)

의료 내용 전부: 증상·진단·검사·결과·치료/시술/수술 가능 여부·대안·예후.

위험/부작용/동의: 동의서, 금기, 부작용 확률·처치, 재수술 가능 시점.

복약/관리: 약 용법·기간, 금기(알코올/사우나 등), 상처/드레싱, 세안·메이크업 시작 시점(의료진이 미지시한 경우).

금전·정책: 비용, 환불, 패키지 규정, 보험·면세 적용, 지불 조건 변경 등 병원 결정이 필요한 사안.

불만·민원·안전: 통증/붓기 악화, 발열/악취 분비물, 시력 변화 등 경고 신호 보고, 일정 변경·취소 요청, 컴플레인.

절대 '직접 답변'하면 안 되는 영역

진단/치료 권유·선택 유도("그냥 ○○ 하서도 돼요" 금지).

약/제품 추천(자체 판단), 할인·서비스 약속, 면세·보험 '확정'.

의료적 조언(의사 지시 없이), 법적·윤리적 판단.

경계 상황 처리 팁

의사가 이미 말한 내용을 '요약 반복'은 가능하되, 새 정보 추가 금지.

환자가 "언제 세안 가능?"이라 묻고 의사 지시가 아직 없으면 → "확인 후 안내드리겠습니다."로 전환.

응급 신호(통증 7+/고열/악취 분비물/시력 변화 등) 감지 시 → 즉시 의료 진 호출, 안심 멘트 남발 금지.

10초 의사결정 트리

1. 의료/법적/금전적 결정이 관련? → 통역+담당자 연결

2. 공식·비의료·변경 없음·권한 내? → 바로 안내 가능

3. 추정/해석이 필요한가? → 통역 후 확인

4. 문서·증빙/승인 필요한가? → 담당자 연결

짧은 전환 멘트(한국어/일본어)

KR: "정확한 안내를 위해 확인 후 다시 알려 드리겠습니다."

JP:「正確なご案内のため、確認してからお伝えします。」

KR: "이 부분은 의료진 판단이 필요합니다. 잠시만요."

JP:「こちらは医師の判断が必要です。少々お待ちください。」

KR: "방금 들으신 내용을 다시 정리해 드릴게요."

JP:「先ほどの説明を要点でお伝えします。」

상황별 연습 스크립트

역할 표기: 직원(KR)/통역사(JP)/환자(JP)/통역사(KR)

S01) 내원 접수

연습 스크립트

직원(KR): 안녕하세요. ○○시에 예약하신 ○○님이실까요? 잠시 여권을 확인해도 될까요?

(연습) 통역사 → 일본어:

환자(JP): 「はい、予約しています。パスポートどうぞ。」

(연습) 통역사 → 한국어:

모범 정답

통역사(JP): 「こんにちは。○○時にご予約の○○様でいらっしゃいますか。パスポートを一時お預かりしてもよろしいでしょうか。」

통역사(KR): 네, 예약했습니다. 여기 있습니다. (여권 건넴)

중요 포인트

이름(여권 표기)을 꼭 확인·반복.

짧고 공손하게, 불필요한 수식어 금지.

S02) 사진 촬영 안내

연습 스크립트

직원(KR): 상담 전 사진 촬영이 있습니다. 가능하시면 메이크업을 가볍게 지우고, 액세서리는 잠시 제거해 주세요. 촬영실은 이쪽입니다. (머리띠 착용 부탁드립니다.)

(연습) 통역사 → 일본어:

환자(JP):「メイクは全部落とした方がいいですか。どちらへ行けばいいですか。」

(연습) 통역사 → 한국어:

모범 정답

통역사(JP):「ご相談前に写真撮影があります。可能でしたらメイクを軽く落として、アクセサリーは一時的に外してください。撮影室はこちらです。ヘアバンドの着用もお願いします。」

통역사(KR): 메이크업은 가볍게 지우면 되나요? 어디로 가면 될까요? (

→ 직원 안내에 따름)

중요 포인트

이유 한 줄: 전후 비교·의무 기록용.

동선·행동을 짧게: "이쪽입니다/こちらです".

머리띠·액세서리 등 소품 요청은 명확히.

S03) 기본 차트 작성 안내

연습 스크립트

직원(KR): 편하신 자리에 앉으셔서 기본 차트를 작성해 주세요. 어려운 항목은 건너뛰시고, 모르시면 언제든 물어봐 주세요.

(연습) 통역사 → 일본어:

모범 정답

통역사(JP):「こちらのお席におかけになって、基本の問診票をご記入ください。迷う項目は飛ばしていただいて大丈夫です。ご不明な点がありましたら、いつでもお声がけくださいね。」

중요 포인트

필수 항목(이름/생년월일/연락처/알레르기/복용약) 재확인.

개인 정보 보호(기밀) 안내는 병원 기준 문구로 간단히.

S04) 대기 안내

연습 스크립트

직원(KR): 여기서 잠시만 기다려 주세요. 순서가 오면 다시 안내해 드리겠습니다.

(연습) 통역사 → 일본어:

모범 정답

통역사(JP):「こちらで少々お待ちください。順番になりましたらご案内します。」

중요 포인트

시간·장소를 숫자·지명으로 명확히(가능 시 "약 ○분").

추가 요청(화장실, 물 등) 통로는 **짧게 안내**.

S05) 실장님 상담(접수형)

연습 스크립트

직원(KR): 오늘 혹시 나가 보셔야 하는 시간이 있으신가요? 어떤 부분이 신경 쓰이셔서 오셨나요? 가장 큰 고민을 한 가지로 말씀해 주세요.

(연습) 통역사 → 일본어:

환자(JP):「今日は〇時までに出なければなりません。赤みとシミが気になります。」

(연습) 통역사 → 한국어:

모범 정답

통역사(JP):「本日、何時までにお出にならなければいけませんか。一番気になる点を一つ教えてください。」

통역사(KR): 오늘 〇시까지는 나가야 합니다. 붉은기와 잡티가 신경 쓰입니다.

중요 포인트

주호소 1-2개로 요약 + 일정(마감 시간) 먼저 확보.

안전 체크(임신/수유, 복용약, 최근 강한 일광노출, 알레르기) 짧게 질문.

이후 **원장 상담 연결**이나 **시술 흐름 안내**로 자연스럽게 전환.

S06) 가격 안내

연습 스크립트

직원(KR): 기본 비용은 ○○만 원이며, 마취/재진은 (포함/별도)입니다.

(연습) 통역사 → 일본어:

모범 정답

통역사(JP):「基本料金は○○万ウォンで、麻酔 / 再診は(込み / 別)です。」

중요 포인트

KRW 명시, 세금포함/별도 항목 분명히.

"최종 확정은 대면 평가 후" 한 줄 고지.

S07) 시술비 지불 방법 안내

연습 스크립트

직원(KR): 결제는 현금, 국내·해외 카드가 가능하며, 일부는 분할이 어려울 수 있습니다.

(연습) 통역사 → 일본어:

환자(JP):「海外カードでも大丈夫ですか。」

(연습) 통역사 → 한국어:

모범 정답

통역사(JP):「お支払いは現金、国内 / 海外カードが可能です。一部は分割不可の場合があります。」

통역사(KR): **해외 카드로 결제해도 되나요?**

중요 포인트

수수료·분할 가능 여부는 규정대로 정확히.

S08) 면세 가능 여부 안내

연습 스크립트

직원(KR): 면세 적용은 시술 종류와 여권 정보에 따라 달라집니다. 확인을 위해 여권이 필요합니다.

(연습) 통역사 → 일본어:

환자(JP):「手続きは当日できますか。」

(연습) 통역사 → 한국어:

모범 정답

통역사(JP): 「免税の適用は施術内容や旅券情報により異なります。確認の
ためパスポートが必要です。」

통역사(KR): **절차를 당일에 진행할 수 있나요?**

중요 포인트

정책/법령/병원 규정 연동 사안: 단정 금지, "확인 후 안내" 원칙.

S09) 시술 준비 - 환복 안내

연습 스크립트

직원(KR): 탈의실에서 가운으로 갈아입어 주세요. 귀중품은 개인 보관 부
탁드립니다.

(연습) 통역사 → 일본어:

환자(JP): 「どこで着替えればいいですか。」

모범 정답

통역사(JP): 「更衣室でガウンにお着替えください。貴重品は各自で管理を
お願いします。」

중요 포인트

위치/동선 간단 고지 + 사생활 배려 표현.

S10) 세안 안내

연습 스크립트

직원(KR): 시술 전 세안이 필요합니다. 메이크업을 모두 지워 주세요.

(연습) 통역사 → 일본어:

환자(JP):「クレンジングはありますか。」

모범 정답

통역사(JP):「施術前に洗顔が必要です。メイクはすべて落としてください。」

중요 포인트

제공 유무와 성분 민감(알레르기) 동시 확인.

S11) 원내 이동 안내

연습 스크립트

직원(KR): 지금은 상담실로 이동하겠습니다. 안내를 따라와 주세요.

모범 정답

통역사(JP):「これから相談室へご案内します。案内に沿ってお進みくださ
い。」

중요 포인트

방향 지시는 짧게, 손짓·표지 등 시각 정보 활용.

S12) 시술실 안내

연습 스크립트

직원(KR): 이곳이 시술실입니다. 가방은 지정 장소에 두세요.

(연습) 통역사 → 일본어:

환자(JP):「靴は脱ぎますか。」

모범 정답

통역사(JP):「こちらが施術室です。お荷物は指定の場所に置いてください。」

중요 포인트

보관·위생 규칙 간단 고지.

S13) 마취크림 도포 안내

연습 스크립트

직원(KR): 마취 크림을 도포하겠습니다. 약 ○○분 소요됩니다.

(연습) 통역사 → 일본어:

환자(JP):「しみたりしますか。」

(연습) 통역사 → 한국어: **따갑게 느껴질 수 있나요?**

모범 정답

통역사(JP):「麻酔クリームを塗布します。所要は約○○分です。」

중요 포인트

느껴질 감각(따가움/온감)·대기 시간 숫자로 안내.

S14) 시술 중 안내

연습 스크립트

의사/직원(KR): 눈을 감고 움직이지 마세요. 따끔할 수 있습니다.

환자(JP):「少し痛いです。」

모범 정답

통역사(JP):「目を閉じて、動かないでください。少しチクッとすることがあります。」

통역사(KR): **조금 아픕니다.**

중요 포인트

안전 지시는 **짧고 명령형**으로 즉시 전달.

S15) 시술 후 안내

연습 스크립트

직원(KR): 오늘은 세안을 피하시고, 자외선 차단제를 꼭 사용해 주세요.

환자(JP):「メイクはいつからできますか。」

모범 정답

통역사(JP):「本日は洗顔を控えて、必ず日焼け止めを使用してください。」

통역사(KR): **메이크업은 언제부터 해도 되나요?**

중요 포인트

시작 시점은 숫자로: 예) 세안 내일 아침부터, 화장 모레부터.

S16) 귀가 안내

연습 스크립트

직원(KR): 무리하지 마시고 충분히 쉬세요. 문제가 생기면 이 번호로 연락 주세요.

환자(JP):「タクシーを呼んでもらえますか。」

모범 정답

통역사(JP):「無理をせず十分お休みください。異常があればこちらの番号へご連絡ください。」

통역사(KR): **택시를 불러 주실 수 있나요?**

중요 포인트

긴급 연락처는 숫자로 확인·반복.

교통 지원은 병원 정책 범위 내에서.

S17) 수술 전 최종 체크(복용약/알레르기/임신·수유/렌즈)

연습 스크립트

직원(KR): 오늘 수술 전에 마지막으로 확인하겠습니다. 복용 중인 약이나 알레르기, 임신·수유 여부가 있으신가요? 콘택트렌즈는 빼셨나요?

(연습) 통역사 → 일본어:

환자(JP):「痛み止めを服用中で、アレルギーはありません。妊娠·授乳では ありません。レンズは外しました。」

(연습) 통역사 → 한국어(1인칭):

모범 정답

통역사(JP):「手術前の最終確認です。服用中のお薬·アレルギー·妊娠/授乳の有無、コンタクトは外されたか確認します。」

통역사(KR): 진통제를 복용 중이고, 알레르기는 없습니다. 임신·수유중 아니고, 렌즈는 뺐습니다.

중요 포인트

안전 체크는 **체크리스트로** 끊어 질문(약/알레르기/임신·수유/렌즈/금식).

기록용으로 **예/아니오**를 분명히 남기기.

S18) 수술 동의서 설명 · 서명

연습 스크립트

직원(KR): 동의서에는 수술 목적, 방법, 위험성, 대체 방법이 포함됩니다.

읽어 보시고 질문 후 서명해 주세요.

(연습) 통역사 → 일본어:

모범 정답

통역사(JP):「同意書には目的·方法·リスク·代替方法が記載されています。

ご質問の後にご署名ください。」

중요 포인트

의학·법적 항목은 축약 금지. 모르면 "의사에게 확인하겠습니다."

서명 전 **핵심 문장 재확인.**

S19) 수술비 결제 및 보호자 연락처 확인

연습 스크립트

직원(KR): 수술비 결제를 먼저 도와드리겠습니다.

 (연습) 통역사 → 일본어:

환자(JP):「カードで支払います。」

 (연습) 통역사 → 한국어(1인칭):

모범 정답

통역사(JP):「先にお支払いをお願いいたします。」

통역사(KR): 카드로 결제하겠습니다.

중요 포인트

결제/연락처는 **숫자·표기 그대로** 읽고 재확인.

S20) 수술 전 마지막 원장 상담(계획 · 마킹)

연습 스크립트

원장(KR): 수술 계획을 다시 설명드리고 표시(마킹)하겠습니다. 궁금한

점 있으신가요?

(연습) 통역사 → 일본어:

환자(JP):「この形でお願いします。質問はありません。」

(연습) 통역사 → 한국어(1인칭):

모범 정답

통역사(JP):「最終の手術計画をご説明し、マーキングします。ご質問はあ
りますか。」

통역사(KR): 이 모양으로 부탁드립니다. 질문은 없습니다.

중요 포인트

기대치 조율: **가능/제한/대안**을 그대로 1인칭 변환.

마킹 부위는 **부위명·측면**을 정확히 반복 확인.

S21) 화장실 · 소지품 최종 안내

연습 스크립트

직원(KR): 수술 전에 화장실을 다녀오시고, 귀중품은 보관함에 넣어 주세요.

(연습) 통역사 → 일본어:

모범 정답

통역사(JP):「手術前にお手洗いを済ませ、貴重品はロッカーへお願いします。」

중요 포인트

동선·보관 **짧은 문장** + 손짓 안내.

S22) 수술 대기실 안내

연습 스크립트

직원(KR): 이제 수술 대기실에서 대기해 주세요. 호출 후 이동하겠습니다.

(연습) 통역사 → 일본어:

모범 정답

통역사(JP):「こちらの手術待機室でお待ちください。お呼びしてから移動します。」

중요 포인트

호출 방식·예상 시간을 숫자로.

S23) 수술실 입장 안내(이동 · 체위)

연습 스크립트

직원(KR): 이제 수술실로 들어가겠습니다. 침대에 누우신 후 안내를 따라 주세요.

(연습) 통역사 → 일본어:

모범 정답

통역사(JP):「これから手術室に入ります。ベッドにお横になって指示に従ってください。」

중요 포인트

안전 지시는 **명령형 · 단문**으로 즉시 전달.

S24) 마취 준비 안내(IV · 모니터 · 산소)

연습 스크립트

의료진(KR): 팔에 주사(정맥로)를 잡고, 모니터를 부착한 뒤 산소를 드리겠습니다. 차갑거나 따끔할 수 있습니다.

(연습) 통역사 → 일본어:

환자(JP):「少し緊張しますが大丈夫です。」

모범 정답

통역사(JP):「点滴を入れ、モニターを装着し、酸素を投与します。冷たさや
チクッとした感じがあります。」
통역사(KR): 조금 긴장되신다고 합니다.

중요 포인트

체감 표현: **차갑다/따끔** 등 간단·사실.

S25) (필요시) 수술 중 짧은 통역

연습 스크립트

의료진(KR): 눈을 감고 움직이지 마세요. 깊게 숨 쉬세요.

(연습) 통역사 → 일본어:

환자(JP):「少し痛いです。」

(연습) 통역사 → 한국어(1인칭):

모범 정답

통역사(JP):「目を閉じて、動かないでください。深呼吸してください。」

통역사(KR): 조금 아픕니다.

중요 포인트

안전 지시만 즉시 통역. 잡담·감정 개입 금지.

S26) 수술 종료 · 회복실 이동 안내

연습 스크립트

의료진(KR): 수술이 모두 끝났습니다. 회복실로 이동해 쉬시겠습니다.

(연습) 통역사 → 일본어:

모범 정답

통역사(JP):「手術はすべて終了しました。回復室に移動してお休みいただきます。」

중요 포인트

정보는 **짧게**: "끝남/이동/휴식/콜벨". 자세한 사후관리는 S15, 사후관리장에서.

한눈 체크(수술 편 공통)

안전 체크: 약·알레르기·임신/수유·렌즈·금식 여부를 **예/아니오**로 기록.

법적 문구: 동의서는 **축약 금지**, 이해 확인 후 서명.

1인칭 통역: 환자 → 한국어는 환자 1인칭, 의료진 → 일본어는 丁寧형.

즉시 통역 vs 안내: 안전·법·동의·의학 판단은 **반드시 통역**, 동선·편의는 병원 정책 범위 내 **직접 안내 가능**(원칙 참고).

S27) 수면마취 깨는 중·회복실 기본 안내

연습 스크립트

직원(KR): 지금은 회복실이에요. 아직 조금 졸리실 수 있어요. 급하게 일어나지 마시고, 불편하면 이 버튼 눌러 주세요. 목이 마르시면 간호사 확인 후에 물을 조금씩 드실 수 있어요. 화장실이 필요하시면 꼭 말씀해 주세요. 처음 일어나실 때는 저희가 도와드릴게요.

(연습) 통역사 → 일본어:

환자(JP):「少し寒いです。毛布をいただけますか。」

(연습) 통역사 → 한국어(1인칭):

모범 정답

통역사(JP):「こちらは回復室です。まだ少し眠気が残ることがあります。急に起き上がらず、つらい時はこのボタンを押してください。水分は看護師の確認後、少しずつ飲めます。お手洗いはお声がけください。立ち上が

る時はスタッフが付き添います。」

통역사(KR): 조금 춥습니다. 담요 부탁드립니다.

중요 포인트

안내는 **짧게·단문**(일어나지 않기/콜벨/수분/화장실·보행 동행).

초기 요구(담요, 물)는 **1인칭**으로 정확히 전달.

어지럼·실족 예방: "처음 기상은 반드시 동행"을 강조.

S28) 회복 중 상태 체크 · 첫 복약 안내

연습 스크립트

간호사(KR): 어지럽거나 메스꺼움은 어떠세요? 통증은 0부터 10 중에 몇 점 정도세요? 필요하시면 진통제 조금 더 드릴게요. 처방약은 오늘 저녁 식후부터 드시면 됩니다. 오늘은 운전, 음주, 중요한 결정은 피해 주세요.

(연습) 통역사 → 일본어:

환자(JP):「痛みは3くらいで、少し喉が渇きます。」

(연습) 통역사 → 한국어(1인칭):

간호사(KR): 물은 한 모금씩만 드셔 보실게요. 괜찮으시면 조금씩 늘릴게요.

(연습) 통역사 → 일본어:

모범 정답

통역사(JP):「めまいや吐き気はありますか。痛みは0~10でどのくらいで
すか。必要であれば鎮痛剤を追加します。処方薬は本日の夕食後からで
す。本日は運転・飲酒・重要な判断はお控えください。」

통역사(KR): 통증은 3 정도이고, 목이 조금 마릅니다.

통역사(JP):「お水は一口ずつ試しましょう。大丈夫であれば少しずつ増や
します。」

중요 포인트

증상 **숫자화(NRS 0-10)**, 어지럼/구역 동시 확인.

복약은 **횟수·시간·기간**을 숫자로, 제한(운전/음주/중요결정) 명확 고지.

수분 섭취는 "**한 모금씩** → 문제 없으면 증가" 단계로 안내.

S29) 퇴원 준비 · 동행 · 교통 · 서류

연습 스크립트

직원(KR): 이제 퇴원 준비 도와드릴게요. 오늘은 혼자 운전은 안 되고, 동
행과 함께 이동하시는 게 안전합니다. 약 드시는 방법이랑 상처 관리 간
단히 다시 설명드릴게요. 택시 호출 도와드릴까요? 퇴원 확인서와 영수증
도 준비해 드리겠습니다.

(연습) 통역사 → 일본어:

환자(JP):「お願いします。タクシーも呼んでください。」

모범 정답

통역사(JP):「これから退院の準備をお手伝いします。本日はお一人での
運転は不可で、どなたかと一緒のご移動が安全です。お薬の飲み方と創部
ケアをもう一度ご説明します。タクシーの手配も可能ですが、ご希望です
か。退院証明書と領収書をご用意します。」

중요 포인트

금지/주의를 행동으로: 운전 금지, 오늘은 휴식, 가벼운 식사.

상처 관리·냉찜질·금지사항(사우나/음주 등)은 **숫자**로(병원 기준 반영).

교통·서류는 **병원 정책 범위 내**에서 안내.

S30) 재진 예약·연락 채널·경고 신호

연습 스크립트

직원(KR): 경과 확인은 ○**일 뒤**에 한 번 오시면 좋아요. ○월 ○일(○) ○
시 어떠세요? 오늘 밤에 **반복되는 구토, 심한 어지럼, 숨이 차거나 출혈이
계속되면** 이 번호로 바로 연락 주세요.

(연습) 통역사 → 일본어:

환자(JP):「その日で大丈夫です。」

(연습) 통역사 → 한국어(1인칭):

모범 정답

통역사(JP):「経過確認のため○日後に再診をお願いします。○月○日(○)○時はいかがでしょうか。本日中に嘔吐の反復、強いめまい、息苦しさ、出血が続く場合は、この番号へすぐにご連絡ください。」

통역사(KR): 그날 괜찮습니다.

중요 포인트

날짜·시간·연락처는 숫자로 두 번 확인(오타 방지).

경고 신호는 **구체적 증상+행동 지시**로: "발생 시 즉시 전화/내원".

통역사 현장 한 줄 가이드:
헷갈릴 때 바로 보는 표준: 실수 줄이는 체크 문장 18선

개인정보·사진 — 촬영·보관·공유는 병원 정책 준수. 사전 동의 없이 전송 금지.

기록·숫자 재확인 — 날짜·시간·금액·연락처는 두 번 읽고 메모.

경고 신호(즉시 연결) — 통증 7+/고열/악취 분비물/호흡곤란/시력 변화 → 즉시 의료진 연결.

단위·환산 — KRW 고정 표기. 환율·환산 설명은 단정 금지(요청 시 담당자 연결).

임신·약물·금기 — 임신/수유, 항응고제·이소트레티노인, 켈로이드·헤르페스 먼저 질문·기록.

중립성·역할 경계 — 판단·약속·협상 금지. 요약은 가능하되 의미 축소·확대 금지.

확정 문구(오해 방지) — 사전 안내는 참고용, 최종 계획·비용은 대면 후 확정.

Teach-back(이해 확인) — "제가 정리한 내용이 맞나요?" 환자 한 문장 확인 필수.

메신저·전화 운영 — 메신저는 한 문장=한 정보, 장문·이모지 금지. 민감 정보는 전화/대면.

시차·현지 시간 — 예약·콜백은 환자 현지 시각으로 제시·표기.

상태 사진 규격 — 정면/좌·우 45°/좌·우 측면 5컷, 자연광·필터 금지, 날짜 표기.

재진·연락 채널 — 재진 날짜·시간·장소·연락처 숫자로 반복 확인, 필요 시 링크 공유.

청취 불명확 시 멈춤 — "잠시만요, 다시 한 번 부탁드립니다." 즉시 재요청.

민감 발언 전달 — 비용 곤란·가정사 등 감정 포함 그대로 전달, 해석·평가 금지.

면세·서류 — 조건 확인 전 확답 금지. 담당자 확인 후 결과 통역.

고유명사 처리 — 약품·기기명은 원어 그대로 + 환자 언어 설명(의미 보존).

동선 안내 — 손짓·지명으로 명확히(예: "오른쪽 문으로 이동").

비상 연락 — 번호는 카드/명함 제공 + 구두로 두 번 확인.

Part B

진료과별 연습

[DERM] 피부과

[PS] 성형외과

[OPH] 안과(시력교정 수술 등)

[DENT] 치과

[OBGYN] 부인과

[DERM] 피부과

D1) 주호소 & 다운타임

연습 스크립트

직원(KR): 오늘 어떤 점이 가장 고민이세요? 다운타임은 며칠까지 괜찮으세요?

(연습) 통역사 → 일본어:

환자(JP):「シミと赤みが気になります。ダウンタイムは2~3日までが希望です。」

(연습) 통역사 → 한국어(1인칭):

모범 정답

통역사(JP):「本日一番気になる点は何でしょうか。ダウンタイムは何日まで大丈夫でしょうか。」

통역사(KR): 잡티와 붉은 기가 고민이고, 다운타임은 2, 3일 정도를 원합니다.

D2) 루틴 · 성분 · 과거 반응

연습 스크립트

직원(KR): 평소 사용 성분(레티놀 · AHA/BHA · 비타민C)이 있나요? 과거 레이저 · 필링 후 반응은 어땠나요?

(연습) 통역사 → 일본어:

환자(JP):「レチノールを週3回使っています。レーザー後に2日ほど赤みが続きました。」

(연습) 통역사 → 한국어(1인칭):

모범 정답

통역사(JP):「レチノール・AHA/BHA・ビタミンCなどはお使いですか。過去のレーザーやピーリング後の反応を教えてください。」

통역사(KR): 레티놀을 주 3회 사용하고, 레이저 후 이틀 정도 붉음이 지속됐습니다.

D3) 안전 체크(필수)

연습 스크립트

직원(KR): 임신·수유 여부, 이소트레티노인 복용(최근 6-12개월), 항응고제/아스피린, 최근 강한 일광 노출, 헤르페스 병력이 있으신가요?

(연습) 통역사 → 일본어:

환자(JP):「妊娠·授乳なし。イソトレチノインは過去1年なし。アスピリンなし。先週強い日焼けあり。ヘルペス既往なし。」

(연습) 통역사 → 한국어(1인칭):

모범 정답

통역사(JP):「妊娠·授乳 / イソトレチノイン(過去6~12か月) / 抗凝固薬·アスピリン / 強い日光曝露 / ヘルペス既往の有無を確認します。」

통역사(KR): 임신 수유 중 아니고, 지난 1년간 이소트레티노인 복용은 없었습니다. 아스피린 복용 없으시고, 지난주 강한 일광 노출이 있으셨고, 헤르페스 병력은 없습니다

D4) 옵션 제안(다운타임 짧게)

연습 스크립트

직원(KR): 다운타임이 짧은 옵션으로 토닝/저출력 레이저/얕은 필링을
권합니다. 시술은 약 20분, 3-4주 간격으로 3-5회가 일반적입니다.

(연습) 통역사 → 일본어:

환자(JP):「赤みが短い施術が良いです。」

(연습) 통역사 → 한국어(1인칭):

모범 정답

통역사(JP):「ダウンタイムが短い選択肢として、トーニング / 低出力レ
ーザー / 浅いピーリングをご提案します。所要約20分、3～4週おきに3～5
回が一般的です。」

통역사(KR): 시술 후 붉어짐이 짧은 시술을 원합니다.

D5) 비용 · 패키지 · 확정 시점

연습 스크립트

직원(KR): 기본 비용은 KRW ○○만이고, 마취 · 재진은 (포함/별도)입니
다. 패키지는 5회, 유효기간 6개월입니다. 최종 금액은 대면 평가 후 확정

됩니다.

(연습) 통역사 → 일본어:

환자(JP):「カードは使えますか。」

모범 정답

통역사(JP):「基本料金は〇〇万ウォンで、麻酔·再診は(込み / 別)です。5回パッケージ、有効期間は6か月です。最終金額は対面評価後に確定します。」
(결제수단·수수료·면세 여부는 병원 규정 확인 후 안내)

D6) 당일 준비(촬영·동선)

연습 스크립트

직원(KR): 상담 전에 사진 촬영이 있습니다. 메이크업·액세서리를 제거해 주세요. 이쪽 촬영실로 안내드리겠습니다. 머리띠 착용 부탁드립니다.

(연습) 통역사 → 일본어:

모범 정답

통역사(JP):「ご相談前に洗顔と撮影があります。メイクとアクセサリーは外してください。こちらの撮影室へご案内します。ヘアバンドの着用をお願いします。」

통역사(KR): (동선은 바로 안내)

D7) 시술 후 주의 & 홈케어

연습 스크립트

직원(KR): 오늘은 세안을 피하시고, 내일 아침부터 가볍게 가능합니다. 자외선 차단은 매일, 보습은 자주. 레티놀·강한 각질제는 1주 후부터 가능해요.

(연습) 통역사 → 일본어:

환자(JP):「メイクはいつからできますか。」

(연습) 통역사 → 한국어(1인칭): **메이크업은 언제부터 가능한가요?**

모범 정답

통역사(JP):「本日は洗顔を控え、明日の朝から軽く可能です。日焼け止めは毎日、保湿はこまめに。レチノールや強い角質ケアは1週間後から再開してください。メイクは明日から薄く可能です。」

D8) 재진 · 온라인 상담

연습 스크립트

직원(KR): 경과 확인은 1-2주 후가 좋습니다. 일정 잡아 드릴까요? 귀국 후에는 사진으로 온라인 상담도 가능합니다.

(연습) 통역사 → 일본어:

환자(JP):「1週間後の午前中でお願いします。」

(연습) 통역사 → 한국어(1인칭):

모범 정답

통역사(JP):「経過確認は1〜2週間後がおすすめです。日程をお取りしましょうか。ご帰国後は写真によるオンライン相談も可能です。」

통역사(KR): 1주 뒤 오전으로 부탁드립니다.

D9) 회복기 문의(불안 · 불편) 기본 응대

연습 스크립트

환자(JP):「赤みが思ったより続いています。」

(연습) 통역사 → 한국어(1인칭): **붉은기가 생각보다 오래 가네요.**

의료진(KR): 대부분 1-3일 범위예요. 악취 분비물이나 고열이 있으면 바로 연락 주세요.

모범 정답

통역사(JP): 「多くは1~3日で治まります。悪臭のある分泌物や発熱があれば、すぐにご連絡ください。」

[PS] 성형외과 연습

E) 눈(쌍꺼풀 · 눈매교정)

E1) 주호소 & 다운타임

연습 스크립트

직원(KR): 오늘 눈은 어떤 점이 가장 고민이세요? 다운타임은 며칠까지 괜찮으세요?

(연습) 통역사 → JP:

환자(JP):「二重を自然にしたいです。ダウンタイムは1週間以内が希望です。」

(연습) 통역사 → KR(1인칭):

모범 정답

통역사(JP):「本日、目元で一番気になる点はどこでしょうか。ダウンタイムは何日まで大丈夫でしょうか。」

통역사(KR): 자연스러운 쌍꺼풀을 원하고, 다운타임은 1주 이내를 원합
니다.

E2) 과거 시술·렌즈·안구 건조

연습 스크립트

직원(KR): 과거 눈 수술/시술, 렌즈 사용, 안구 건조는 어떠세요?

(연습) 통역사 → JP:

환자(JP):「手術歴はなく、コンタクトを毎日使います。ドライアイがあり
ます。」

(연습) 통역사 → KR(1인칭):

모범 정답

통역사(JP):「過去の手術・施術歴、コンタクトの使用状況、ドライアイの有
無を教えてください。」

통역사(KR): 수술 이력은 없고, 렌즈는 매일 착용하며, 안구 건조가 있습
니다.

중요 포인트

렌즈/건조감은 마취·회복 지침에 영향 → 반드시 확인·기록.

E3) 안전 체크(필수)

연습 스크립트

직원(KR): 임신·수유, 항응고제/아스피린, 켈로이드, 알레르기 있으세요?

(연습) 통역사 → JP:

환자(JP):「該当なしです。」

(연습) 통역사 → KR(1인칭):

모범 정답

통역사(JP):「妊娠·授乳の有無、抗凝固薬やアスピリンの服用、ケロイド体質、アレルギーはありますか。」

통역사(KR): 해당 사항 없습니다

E4) 옵션 비교(매몰 vs 절개, 눈매교정)

연습 스크립트

원장/실장(KR): 매몰은 회복이 빠르고, 절개는 라인이 안정적입니다. 눈매교정은 처짐이 있으면 권합니다.

(연습) 통역사 → JP:

환자(JP):「回復を優先したいので埋没で考えたいです。」

(연습) 통역사 → KR(1인칭):

모범 정답

통역사(JP):「埋没法は回復が早く、切開法はラインが安定します。目元矯
正は瞼のたるみや眼瞼下垂がある方にお勧めします。」

통역사(KR): 회복을 우선해서 매몰로 생각하고 싶습니다.

E5) 비용·확정

연습 스크립트

직원(KR): 기본은 KRW ○○만, 마취/재진은 (포함/별도)입니다. 최종 금
액은 대면 평가 후 확정됩니다.

(연습) 통역사 → JP:

환자(JP):「最終見積もりは診察後でしょうか。」

(연습) 통역사 → KR(1인칭):

모범 정답

통역사(JP):「基本料金は○○万ウォンで、麻酔 / 再診は(込み / 別)です。

最終金額は対面評価後に確定します。」

통역사(KR): 최종 금액은 진료 후 확정되나요?

E6) 당일 준비(세안·촬영·렌즈 보관)

연습 스크립트

직원(KR): 상담 전 세안과 사진 촬영이 있습니다. 렌즈는 케이스에 보관해 주세요.

(연습) 통역사 → JP:

모범 정답

통역사(JP):「ご相談前に洗顔と写真撮影があります。コンタクトはケースに入れて保管してください。」

E7) 사후 관리 요약

연습 스크립트

직원(KR): 냉찜질 48시간, 세안은 내일 아침부터 가볍게, 화장은 48-72시간 후 얇게, 렌즈는 1주 뒤부터 해 주세요.

(연습) 통역사 → JP:

모범 정답

통역사(JP): 「冷却は48時間、洗顔は明日の朝から軽く、メイクは48~72時間後から薄く、コンタクトは1週間後から再開してください。」

E8) 실밥 제거 · 재진

연습 스크립트

직원(KR): 실밥 제거는 보통 5-7일차에 합니다. 원장님 확인 후 진행합니다. 재진 일정 잡아 드릴까요?

(연습) 통역사 → JP:

환자(JP): 「7日後の午前でお願いします。」

(연습) 통역사 → KR(1인칭):

모범 정답

통역사(JP): 「抜糸は通常5~7日目です。院長が確認して問題なければ行います。ご希望の再診日時をお知らせください。」

통역사(KR): 7일 뒤 오전으로 부탁드립니다.

중요 포인트

날짜·시간 두 번 확인(오타 방지).

E9) 우려 대응(부기·멍·비대칭)

연습 스크립트

환자(JP):「左右差が心配です。」

(연습) 통역사 → KR(1인칭):

의료진(KR): 초기 2-3주까지는 붓기 차이로 좌우가 달라 보일 수 있어요.

악취 분비물·열이 나면 바로 연락 주세요.

(연습) 통역사 → JP:

모범 정답

통역사(KR): 좌우 차이가 걱정됩니다.

통역사(JP):「術後2~3週までは腫れの差で左右が異なって見えることが
あります。悪臭のある分泌物や発熱があれば、すぐにご連絡ください。」

N) 코(코끌 · 비중격 · 콧등)

N1) 주호소 · 호흡

연습 스크립트

원장/실장(KR): 콧등/코끝 중 어디가 가장 고민이세요? 코막힘은 있으세요?

(연습) 통역사 → JP:

환자(JP): 「鼻先を自然に細くしたいです。鼻づまりは時々あります。」

(연습) 통역사 → KR(1인칭):

모범 정답

통역사(JP): 「鼻筋と鼻先のうち、どちらが一番気になりますか。鼻づまりはありますか。」

통역사(KR): 코끝을 자연스럽게 슬림하게 하고 싶고, 코막힘은 가끔 있습니다.

N2) 과거 수술/비중격/알레르기

연습 스크립트

직원(KR): 과거 코 수술/외상, 비중격 휨, 알레르기 비염은요?

(연습) 통역사 → JP:

환자(JP):「手術歴なし、外傷なし、アレルギー性鼻炎ありです。」

(연습) 통역사 → KR(1인칭):

모범 정답

통역사(JP):「鼻の手術歴や外傷歴、鼻中隔の湾曲、アレルギー性鼻炎の有無を教えてください。」

통역사(KR): 수술·외상 이력은 없고, 알레르기 비염은 있습니다.

중요 포인트

비중격 만곡·비염은 기능 교정 동반 여부에 중요 → 꼭 기록.

N3) 안전 체크

연습 스크립트

직원(KR): 항응고제/아스피린, 흡연, 임신·수유, 켈로이드 있으세요?

(연습) 통역사 → JP:

환자(JP):「喫煙はしていません。他は該当なしです。」

(연습) 통역사 → KR(1인칭):

모범 정답

통역사(JP):「抗凝固薬やアスピリンの服用、喫煙、妊娠・授乳、ケロイド体質はありますか。」

통역사(KR): 흡연은 하지 않으며, 나머지는 해당 없습니다.

N4) 수술 상담(보형물/무보형물/코끝)

연습 스크립트

원장(KR): 보형물 없이 하면 코끝 상승에 한계가 있습니다. 아주 얇은 실리콘은 어떠세요? 안전 범위 내에서 매부리를 일부만 교정할 수도 있습니다.

(연습) 통역사 → JP:

환자(JP):「自然さを優先し、薄いシリコンなら検討します。安全な範囲での調整で大丈夫です。」

(연습) 통역사 → KR(1인칭):

모범 정답

통역사(JP):「プロテーゼを使わない場合、鼻先を高くするには限界があり

ます。非常に薄いシリコンはご検討されますか。安全な範囲で、わし鼻は一部のみ矯正する方法もあります。」

통역사(KR): 자연스러움을 우선하되, 얇은 실리콘은 검토하겠습니다. 안전한 범위의 교정으로 괜찮습니다.

중요 포인트

"가능/한계/대안"을 그대로 전달. 수치 제시는 의사가 말한 범위만.

N5) 비용 · 보형물 안내

연습 스크립트

직원(KR): 기본 비용은 KRW ○○만이고, 보형물/자가연골 비용은 (포함/별도)입니다. 콧볼 축소 여부는 수술 중에 결정하게 되기 때문에 최종 금액은 수술 후 확정됩니다.

(연습) 통역사 → JP:

모범 정답

통역사(JP):「基本費用はKRW ○○万で、プロテーゼや自家軟骨の費用は(含まれる / 別途)となります。
また、小鼻縮小については手術中に判断するため、最終的な金額は手術後に確定いたします。」

중요 포인트

KRW 명시, 포함/별도, **확정 시점**을 한 문장으로 분명히.

N6) 수술 당일/수술 후 안내

연습 스크립트

직원(KR): 테이핑과 **기브스**를 대 놓았어요. **기브스는 일주일 후**에 실밥 제거하면서 떼실 예정입니다. **안경은 기브스 위에는 쓰셔도 괜찮으세요.**

(연습) 통역사 → JP:

모범 정답

통역사(JP):「テーピングと**ギプス**を装着しました。**ギプスは**抜糸の際(**約1週間後**)に外す予定です。眼鏡はギプスの上からであれば着用しても大丈夫です。」

중요 포인트

제거 시점 숫자화: 기브스 제거 **약 1주**(실밥 제거 시).

안경 착용 안내 구체화: 기브스 위 착용 가능, 무거운 테/강한 압박은 피하기(압박감·통증 시 잠시 벗기).

사실 vs 환자 의사 분리: '의료진 안내: 기브스 위 착용 가능/환자 선택: 그 위에 쓰겠다'처럼 **사실 전달**과 **1인칭 의사 표현**을 구분해 통역.

N7) 코수술 사후 관리 설명

연습 스크립트

직원(KR): **콧속에 솜을 넣어 놨으니 당분간은 코로 숨을 쉴 수가 없어요.**
입으로 숨을 쉬어 주시고, **재채기는 입을 벌리고** 해주세요. **금연, 냉찜질 48시간, 샤워는 목 아래로만** 해 주세요.

모범 정답

통역사(JP):「**鼻の中に綿を入れてあるため、**当面は**鼻呼吸**ができません。**口で呼吸してください。**くしゃみは**口を開けて**行ってください。**禁煙、冷却は48時間、シャワーは首から下のみ**でお願いします。」

중요 포인트

행동 + 숫자를 중심으로 간결하게 설명합니다.
의료진의 말투를 그대로 유지하되, 너무 딱딱하지 않게 전달합니다.
환자가 "네, 그렇게 하겠습니다"로 답할 수 있게 짧은 문장으로 마무리합니다.
부가 질문 대비용으로 한 줄 설명을 준비합니다.
예:「鼻は強く押さえないでください。」/「冷やすのは1回10~15分で十分です。」

N8) 부목제거 일정 안내

연습 스크립트

직원(KR): **내측 실밥 제거와 기브스 제거는 보통 수술 후 7-10일입니다.**

예약일정과 시간은 **오전/오후** 중에 언제로 잡아 드릴까요?

(연습) 통역사 → JP:

환자(JP):「術後8日目の午前でお願いします。」

(연습) 통역사 → KR(1인칭):

모범 정답

통역사(JP):「内側の抜糸とギプスの取り外しは、術後7~10日目です。ご予約の日程と時間は午前と午後のどちらがよろしいでしょうか。」

통역사(KR): **수술 8일 뒤 오전으로 부탁드립니다.**

추가 확인(선택 문장)

통역사(JP):「確認のため、〇月〇日(〇)午前でお取りします。よろしいですか。」

중요 포인트

숫자화 & 반복 확인: '7-10일차 제거'를 명확히 말하고, **날짜·요일·시간**을 두 번 확인합니다.

상황에 따른 변동 고지: 부기/상태에 따라 제거 시점이 **조정될 수 있음을**

한 줄로 안내합니다(의료진 코멘트 그대로).

환자가 **직접** "○월 ○일 ○시"를 말하게 하여 오타·착오를 예방합니다.

일정 제약이 있으면 **즉시 공유**합니다. (항공 일정, 보호자 동행 여부 등).

N9) 우려 대응(코막힘 · 붓기 · 출혈)

연습 스크립트

환자(JP): 「鼻づまりが強いです。」

(연습) 통역사 → KR(1인칭):

의료진(KR): 초기에는 코 안쪽이 부어 있어서 때문에 코가 좀 막힐 거예요. 시간이 지나면 좋아지니까 너무 걱정하지 마세요. 그런데 출혈이 계속되거나 38℃ 이상 열이 나고 악취가 나거나 분비물이 계속 흘러나올 경우에는 즉시 연락 주세요.

(연습) 통역사 → JP:

모범 정답

통역사(KR): 코막힘이 심합니다.

통역사(JP): 「最初は鼻の中が腫れているため、鼻づまりの症状があります。時間が経つにつれて良くなりますので、あまり心配なさらないでください。」

ただし、出血が続いたり、38℃以上の熱が出たり、悪臭や分泌物が出続ける場合は、すぐにご連絡ください。」

중요 포인트

정상 범위 vs **경고 신호**를 구체적 증상+행동("즉시 연락")으로 전달.

V) 윤곽(광대·턱각·턱끝)

V1) 주호소·교합·감각

연습 스크립트

원장/실장(KR): 광대/턱각/턱끝 중 어디가 가장 고민이세요? 교합 문제나 감각 저하는 없으신가요?

(연습) 통역사 → JP:

환자(JP):「頬骨とエラです。噛み合わせやしびれの問題はありません。」

(연습) 통역사 → KR(1인칭):

모범 정답

통역사(JP):「頬骨・エラ・オトガイのうち、どこが一番お悩みですか。噛み合わせの不具合やしびれはありませんか。」

통역사(KR): 광대와 사각턱이 고민이고, 교합이나 감각 저하는 없습니다.

V2) 3D-CT 설명

연습 스크립트

원장(KR): 환자분 3D- CT 화면을 살펴보면서 신경 위치를 확인해 보겠습니다.

(연습) 통역사 → JP:

모범 정답

통역사(JP):「3D-CTを見ながら神経の位置を確認しますね。」

중요 포인트

신경 위치 확인은 안전과 직결 → 검사 목적을 한 줄로 분명히.

V3) 안전 체크(필수)

연습 스크립트

직원(KR): 항응고제/아스피린, 흡연, 전신질환, 임신·수유, 켈로이드 있으세요?

환자(JP):「該当なしです。」

모범 정답

통역사(JP):「抗凝固薬やアスピリンの服用、喫煙、全身疾患、妊娠・授乳、ケロイド体質はありますか。」

통역사(KR): 해당 사항 없습니다.

V4) 회복 · 여행가능시기 안내

연습 스크립트

원장(KR): 이 수술은 아무래도 회복기간이 좀 필요해요. 여행을 가시거나 장거리 이동하시는 것은 3-4주 뒤가 안전합니다.

환자(JP):「旅行予定を調整します。」

모범 정답

통역사(JP):「この手術はどうしても回復期間が必要になります。ご旅行や長距離の移動は、3~4週間後が安全です。」

통역사(KR): 여행 일정을 조정하겠습니다.

중요 포인트

일정 제약(비행·출장)과 회복 기간을 숫자로 정렬.

V5) 위험·부작용 안내

연습 스크립트

원장(KR): 붓고 멍이 몇 주 갈 수 있어요. 일시적으로 감각이 떨어지고 입을 열기가 좀 어려울 거예요. 드물지만 출혈·감염 위험도 있습니다.

(연습) 통역사 → JP:

환자(JP):「理解しました。」

(연습) 통역사 → KR(1인칭):

모범 정답

통역사(JP):「腫れやあざは数週間続くことがあります。一時的に感覚が鈍くなったり、口を開けにくくなることもあります。まれに出血や感染のリ

スクもあります。」

통역사(KR): 이해했습니다.

중요 포인트

부정적 정보 축약 금지. 기간·증상은 숫자+행동으로.

V6) 비용 · 입원 · 드레인 안내

연습 스크립트

직원(KR): 비용은 KRW ○○만원입니다. 여기에는 (입원 ○일/드레인 유무) 포함이에요·별도 항목은 다음과 같습니다.

(연습) 통역사 → JP:

환자(JP):「承知しました。」

(연습) 통역사 → KR(1인칭):

모범 정답

통역사(JP):「費用はKRW ○○万ウォンです。こちらには(入院○日 / ドレーンの有無)が含まれています。別途の項目は以下の通りです。」

통역사(KR): 알겠습니다.

V7) 사후 관리 안내

연습 스크립트

직원(KR): 2주 동안은 주무실 때 심장보다 머리를 높게 두시고 수술 후 48시간 동안은 냉찜질을 자주 해 주세요. 구내 환경을 위해서 가글도 꼭 해 주시고 식사는 유동식부터 서서히 시작해주세요. 격한 운동이나 사우나는 2-4주 뒤부터 가능합니다.

(연습) 통역사 → JP:

모범 정답

통역사(JP):「手術後2週間ほどは、就寝時に心臓より頭を高くしてお休みください。手術後48時間は頻繁に冷やすようお願いいたします。口腔内の衛生のために、うがいも必ず行ってください。お食事は流動食から徐々に始めていただき、激しい運動やサウナは2~4週間後から可能となります。」

중요 포인트

언제부터/얼마나/무엇을 → 숫자·동사 중심 문장.

V8) 재진·검사 안내

연습 스크립트

직원(KR): 1-2주 재진, 필요 시 X-ray 확인합니다. 일정 잡아드릴까요?

(연습) 통역사 → JP:

환자(JP):「1週間後の午前でお願いします。」

(연습) 통역사 → KR(1인칭):

모범 정답

통역사(JP):「再診は1~2週間後です。必要に応じてレントゲンで確認します。ご予約をお取りしますか。」

통역사(KR): 1주 뒤 오전으로 부탁드립니다.

중요 포인트

날짜·시간 두 번 확인(오타 방지) + 알림 채널까지 확보.

V9) 우려 대응·경고

연습 스크립트

환자(JP):「しびれが少し気になります。」

의료진(KR): 초기에는 조금 저리지만 점차 회복될 거예요. 고열이 지속되거나 출혈이 멈추지 않거나 호흡이 곤란할 경우에는 바로 연락 주세요.

모범 정답

통역사(KR): 저림 증상이 조금 신경 쓰입니다.

통역사(JP): 「初めのうちは少ししびれがありますが、徐々に回復してまいります。高熱が続く場合や、出血が止まらない場合、呼吸が苦しくなる場合には、直ちにご連絡ください 。」

공통 한눈 체크(성형편)

- 주호소·허용 다운타임을 숫자로 정리.
- 안전 체크(임신·약물·흡연·알레르기) 예/아니오로 기록.
- 비용·확정 시점: KRW/포함·별도/"대면 후 확정"을 한 줄 고지.
- 사후 관리: 언제부터/얼마나/무엇을 → 숫자·행동으로.
- 경고 신호: 고열/지속 출혈/악취 분비물/심한 비대칭·급격한 붓기/호흡 곤란 → 즉시 연락.

[OPH] 안과(시력교정 수술 등)

01) 주호소·목표·생활 패턴

연습 스크립트

의사/직원(KR): 어떤 점이 가장 불편하셔서 시력교정을 고려하고 계신가요? 일·운동·취미 중에 눈을 많이 쓰는 활동이 있나요?

(연습) 통역사 → JP:

환자(JP):「メガネやコンタクトが不便で、スポーツの時に外れるのが心配です。自然で安定した見え方を希望します。」

(연습) 통역사 → KR(1인칭):

모범 정답

통역사(JP):「どの点が不便で視力矯正をお考えでしょうか。お仕事や運動、ご趣味の中で目をよく使う活動はありますか。」

통역사(KR): 안경과 렌즈가 불편하고, 운동할 때 빠질까 걱정돼요. 자연스럽고 안정적인 시야를 원합니다.

02) 렌즈 중단 · 사전 검사 예약

연습 스크립트

의사/직원(KR): 정확한 검사를 위해 소프트 렌즈는 1-2주, 하드/RGP는 3-4주 중단이 필요할 수 있습니다. 검사 예약 도와드릴까요?

(연습) 통역사 → JP:

환자(JP):「普段はソフトレンズです。1週間外して検査に来ます。」

(연습) 통역사 → KR(1인칭):

모범 정답

통역사(JP):「正確な検査のために、ソフトレンズは1~2週間、ハード / RGPは3~4週間外していただく必要があります。検査のご予約をお取りしましょうか。」

통역사(KR): 소프트렌즈를 쓰고 있고, 1주간 빼고 검사 받으러 오겠습니다.

03) 안전 체크(필수 질환 · 약물 · 과거력)

연습 스크립트

의사/직원(KR): 건성안 · 알레르기, 각막염/각막질환, 자가면역질환, 임신 · 수유, 스테로이드 장기복용, 안압 · 녹내장 · 망막 질환, 이전 안과 수술 있으셨나요?

(연습) 통역사 → JP:

환자(JP):「ドライアイがありますが、他は該当ありません。手術歴もありません。」

(연습) 통역사 → KR (1인칭):

모범 정답

통역사(JP):「ドライアイ、アレルギー、角膜炎や角膜の病気、自己免疫疾患、妊娠・授乳、ステロイドの長期服用、眼圧や緑内障・網膜の病気、以前の眼科手術はありますか。」

통역사(KR): 건조증이 있고, 나머지는 해당 없습니다. 수술 이력도 없습니다.

04) 수술 옵션 비교(LASIK/PRK(LASEK)/SMILE)

연습 스크립트

의사(KR): LASIK: 회복 빠름(다음 날 생활 복귀 가능), 건조감/야간 달무리 가능성

PRK(LASEK): 초기 통증 2-3일, 각막절편 없음, 회복은 더디지만 직업상 안전성 선호 시 선택

SMILE: 절개 작음 → 건조감 상대적으로 적을 수 있음(개인차 있음)

(연습) 통역사 → JP:

환자(JP):「回復の早さを重視しますが、ドライアイが心配です。SMILEを検討したいです。」

(연습) 통역사 → KR (1인칭):

모범 정답

통역사(JP):「LASIKは回復が早く、翌日から日常生活に戻れますが、ドライアイや夜間のハローが出る可能性があります。

PRK(LASEK)は最初の2~3日に痛みがありますが、角膜フラップがなく、安全性を重視する方に選ばれます。

SMILEは切開が小さく、ドライアイが比較的少ない可能性があります(個人差があります)。」

통역사(KR): 회복이 빠른 것을 원하지만 건조감이 걱정됩니다. 스마일을

검토하고 싶습니다.

중요 포인트

비교 구조:

LASIK → 빠른 회복/단점: 건조감·야간 빛 번짐

PRK → 통증 2-3일/장점: 절편 없음/단점: 회복 느림

SMILE → 절개 작음/장점: 건조감 상대적 감소

숫자와 키워드로 간결히 정리(예: "통증 2-3일", "회복 다음 날 가능").

환자 발화: 1인칭 유지 → "저는 … 원합니다/걱정됩니다."

중립 전달: 의사 설명 = 장점·단점 균형 있게, 개인 의견 삽입 금지.

05) 비용 안내

연습 스크립트

직원(KR): 기본 비용은 KRW ○○만이며(검사/약/추적진료 포함/별도),
최종 금액은 대면 검사 후 확정됩니다.

(연습) 통역사 → JP:

모범 정답

통역사(JP):「基本費用はKRW ○○万で(検査と薬と経過診察が含まれて
います / 別途になっています)、最終的な金額は対面検査の後に確定します。」

중요 포인트

KRW 단위 명시: 비용은 반드시 **KRW** ○○만으로 제시.

포함/별도 항목 구분: 검사·약·추적진료 중 포함 vs 별도 항목 명확히.

06) 수술 전 준비 안내(전날~당일)

연습 스크립트

직원(KR): 전날·당일은 아이 메이크업·향수를 피하고, 속눈썹 연장은 제거 권장입니다. 편한 복장, 보호안경/선글라스를 준비해 주세요. 수술 당일 운전은 불가라 동행을 권합니다.

(연습) 통역사 → JP:

모범 정답

통역사(JP):「手術の前日·当日はアイメイクや香水を避けてください。まつげエクステは外していただくことをお勧めします。楽な服装でお越しいただき、保護メガネやサングラスをご用意ください。手術当日は運転できませんので、ご同伴をお勧めします。」

중요 포인트

행동 문장으로 안내:

금지: 아이 메이크업, · 향수는 사용 하지 마세요

지참: 편한 복장, 보호안경/선글라스 준비하세요

동행: 수술 당일 운전 불가 → 동행 권장

일본어 표현 주의:

환자 발화는 1인칭 유지

O7) 수술 직후 기본 안내(공통)

연습 스크립트

의사/직원(KR): 수술 직후 시야 흐림·눈물·이물감이 있을 수 있어요. 눈 비비지 마시고, 수면 시 보호 안대를 착용해 주세요.

점안 예시(병원 기준에 맞춰 조정)

항생제 1일 4회/1주

스테로이드 감량 2-4주

인공눈물 수시(처음 1-2주는 자주)

(연습) 통역사 → JP:

모범 정답

통역사(JP):「手術直後は視界がぼやけたり、涙が出たり、異物感を感じることがあります。目をこすらないでください。寝る時は保護用の眼帯を着けてください。

点眼は以下の通りです(病院の指示に従って調整)

抗生物質の点眼：1日4回、1週間

ステロイド点眼：2~4週間かけて徐々に減らす

人工涙液：随時、最初の1~2週間は頻繁に」

중요 포인트

증상 안내: 흐림·눈물·이물감은 정상 범위 → 환자 안심.

금지 행동: 눈 비비지 않기, 반드시 안대 착용.

점안 지침 숫자화:

08) 재진·운전·비행·운동

연습 스크립트

직원(KR): 재진은 다음 날/1주/1개월 권장입니다.

운전은 다음 날 검사에서 허가되면 가능합니다.

사우나·수영·격한 운동은 2-4주 동안 피해 주시고, 가벼운 운동은 1주 이후 권장합니다.

아이 메이크업은 1주 뒤부터 옅게 가능합니다.

비행기 탑승은 가능하시지만 건조 관리를 철저히 해 주세요.

모범 정답

통역사(JP):「再診は翌日・1週間後・1か月後をお勧めします。運転は翌日の
検査で許可が出れば可能です。
サウナ・水泳・激しい運動は2〜4週間禁止、軽い運動は1週間後から可能です。
アイメイクは1週間後から薄くなら大丈夫です。
飛行機に乗ることは可能ですが、乾燥対策をしっかりしてください。」

중요 포인트

재진 시점: 다음 날/1주/1개월 → 꼭 숫자로 제시.

운전: 다음 날 검사 허가 시 가능 → 조건 강조.

운동: 격한 운동・사우나・수영 → 2-4주 금지

가벼운 운동 → 1주 이후 가능

메이크업: 아이 메이크업 → 1주 뒤부터 얇게.

비행: 가능하지만 건조 관리 필수.

환자 응답: 1인칭 유지

09) 우려 · 이상 반응 대응

연습 스크립트

환자(JP):「夜間のハロー・グレアが心配です。」

(연습) 통역사 → KR (1인칭):

의사(KR): 초기에는 흔하며 수주~수개월 내 완화됩니다.

심한 통증/시력 급변/지속적 심한 충혈·분비물/빛에 극심한 통증이 있으면 즉시 연락 주세요.

(연습) 통역사 → JP:

모범 정답

통역사(KR): 야간 빛 번짐이 걱정됩니다.

통역사(JP):「夜間のハローやグレアは手術直後によく見られますが、数週間から数か月のうちに軽くなっていきます。

ただし、強い痛み、急な視力の変化、続く強い充血や分泌物、光に対する強い痛みがある場合は、すぐにご連絡または受診してください。」

중요 포인트

1. 정상 범위 vs 경고 신호 분리

정상 반응: 하룻밤 사이 또는 초기 몇 주간 흔히 나타날 수 있는 증상 → 환자가 불필요하게 불안해하지 않도록 설명.

경고 신호: 반드시 즉시 병원에 연락하거나 내원해야 하는 상황을 구체적으로 구분해 전달.

2. 행동 지침 포함

단순히 "위험합니다"가 아니라, "즉시 연락 또는 내원 필요"라는 행동으로 연결해야 한다.

환자가 언제 스스로 행동을 취해야 하는지 명확히 이해하도록 돕는 것이 핵심.

3. 숫자와 기간 강조

"수주~수개월" → 기간을 제시하면 환자가 예상 가능한 범위를 알 수 있어 불안을 줄임.

단기간에 호전되는 경우와 장기적으로 관찰해야 하는 경우를 구분해서 설명.

4. 톤 관리

정상 반응 설명은 차분하게, 경고 신호 설명은 단호하게.

예: 일본어에서 「～よく見られます」 vs 「すぐにご連絡ください」 같이 대비되는 어휘와 어투를 활용.

5. 훈련 방법

통역사는 스크립트를 두 가지 색상(예: 파랑 = 정상, 빨강 = 경고)으로 구분해 연습하면 효과적.

실제 롤플레잉에서는 의료진 설명 후, 반드시 환자에게 "이해 확인 질문"을 넣는 훈련도 병행하면 좋다.

한눈 체크(시력교정 수술편)

렌즈 중단 기간(S: 1-2주/RGP: 3-4주)과 검사 예약을 숫자로.

안전 체크: 건성안·각막질환·자가면역·임신/수유·약물·안압/망막·과거 수술.

옵션 비교는 회복·통증·건조·직업 적합성을 키워드로.

사후 관리: 점안 횟수/기간, 비비지 않기/안대, 운전·운동·수영·메이크업의 시작·금지 시점을 숫자로.

경고 신호는 증상+행동으로: "발생 시 즉시 전화/내원".

[DENT] 치과

D1) 주호소 · 목표 정의(색 · 형태 · 틈 · 길이 · 대칭)

연습 스크립트

의사/직원(KR): 어떤 점을 가장 바꾸고 싶으신가요? 색, 모양, 틈, 길이 중에서요. 웃을 때 보이는 길이나 대칭도 중요할까요?

(연습) 통역사 → JP:

환자(JP):「色を白くして、前歯のすき間を埋め、形を少し整えたいです。」

(연습) 통역사 → KR(1인칭):

모범 정답

통역사(JP):「どの点を一番変えたいですか。色、形、すき間、長さの中で特に気になる点は？笑ったときの見え方や左右の対称も重要でしょうか。」

통역사(KR): 치아를 더 하얗게 하고 앞니 사이 틈을 메우고, 모양을 조금 다듬고 싶습니다.

중요 포인트

목표를 2-3개로 구체화: 색(△shade), 틈(△mm), 길이(△mm).

환자 응답은 반드시 1인칭으로 요약.

"자연스러운 화이트" 같은 원하는 톤을 함께 기록.

D2) 옵션 비교

연습 스크립트

의사(KR): 미니멀 프렙 라미네이트는 법랑질을 약 0.1~0.3mm 정도만 최소 삭제한 뒤 세라믹을 부착하는 방식으로, 질감과 투명감이 우수하고 변색에도 강한 것이 특징입니다.

노-프렙 라미네이트는 치아 삭제 없이 시술이 가능하지만, 두께나 돌출 정도에 따라 적용이 제한될 수 있습니다.

컴포지트 본딩은 당일 수정이 가능하고 비용이 저렴하지만, 광택 유지력과 변색 저항은 상대적으로 낮습니다.

교정 치료는 치아의 틈이나 회전된 형태를 바로잡을 수 있으나, 일정한 기간이 필요합니다.

(연습) 통역사 → JP

환자(JP):「できれば削る量は最小で、自然な質感を重視したいです。」

(연습) 통역사 → KR (1인칭)

모범 정답

통역사(JP):「ミニマルプレップラミネートは0.1~0.3mm削って薄いセラミックを付け、質感や変色に強いです。ノープレップは削らずに可能ですが、厚みや突出が問題になることがあります。コンポジットは即日で安価ですが、変色が早いです。矯正は根本的に直せますが期間が必要です。」
통역사(KR): 가능하면 삭제량은 최소로 하고, 자연스러운 질감을 중시합니다.

중요 포인트

키워드 + 숫자: 삭제량 0.1-0.3mm, 기간 필요 여부.
환자 의견 = "삭제 최소 + 질감 우선".

D3) 안전 체크

연습 스크립트

의사/직원(KR): 충치·잇몸 염증은 없으신가요? 이갈이/이를 악무는 습관, 턱관절 불편, 찬 것에 시린 증상, 마취·레진 알레르기는요?
환자(JP):「軽い知覚過敏があります。歯ぎしりは時々と言われました。」

(연습) 통역사 → KR (1인칭):

모범 정답

통역사(JP):「虫歯や歯ぐきの炎症はありますか。歯ぎしりや食いしばり、顎関節の不調、冷たい物でしみる知覚過敏、麻酔やレジンのアレルギーはありませんか。」

통역사(KR): 약한 지각과민이 있고, 가끔 이갈이를 한다고 들었습니다.

D4) 진단 · 기록

연습 스크립트

직원(KR): 구강스캐너/인상, 구내·얼굴 사진, X선 촬영 후 쉐이드 선택을 하겠습니다.

환자(JP):「スキャンと写真は大丈夫です。色は自然な白でお願いします。」

모범 정답

통역사(JP):「口腔内スキャナーや型取り、口腔・顔写真、レントゲンを撮り、その後で色見本を選びます。」

통역사(KR): 스캔과 사진 괜찮고, 색은 자연스러운 화이트를 원합니다.

D5) 프렙 계획·삭제량 고지

연습 스크립트

의사(KR): 자연스럽게 하려면 법랑질 기준 약 0.2mm 내외 삭제를 계획합니다. 법랑질 접착을 유지하겠습니다.

모범 정답

통역사(JP):「自然に見せるため、エナメル質を基準に0.2mm程度削る計画です。できるだけエナメル質の接着を保ちます。」

D6) 목업(Mock-up)·임시치아 안내

연습 스크립트

직원(KR): 왁스업/디지털 계획을 구강에 임시로 재현(Mock-up)해 길이·폭을 미리 보실 수 있습니다. 프렙 후에는 임시치아를 부착합니다.

환자(JP):「形と長さをその場で確認できるなら安心です。」

(연습) 통역사 → KR (1인칭):

모범 정답

통역사(JP):「ワックスアップやデジタル計画をお口に再現し、長さや幅を事前に確認できます。削った後は仮歯を装着します。」

통역사(KR): 모양과 길이를 미리 볼 수 있으면 안심됩니다.

중요 포인트

길이·폭·발음 테스트(F/V/S) 함께 확인.

환자 불안 해소 → "미리 확인 가능".

D7) 일정 · 개수 · 비용 · 확정 시점

연습 스크립트

직원(KR): "앞니 △개를 진행하실 경우, 첫날에는 치아를 다듬고 임시 치아를 붙여 드립니다. 그 후 기공 과정이 약 5~7영업일 정도 소요되고, 완성된 보철은 하루 만에 장착이 가능합니다. 비용은 치아 1개당 KRW ○○만 원이며, 최종 금액은 대면 상담 후 확정됩니다."

모범 정답

통역사(JP): 「前歯△本の場合、1日で削って仮歯、その後5~7営業日で技工、装着は1日です。費用はKRW ○○万 / 1本、最終金額は対面で確定します。」

D8) 시멘테이션(접착) 당일

연습 스크립트

의사/직원(KR): "먼저 시적(try-in) 단계에서 색과 모양을 확인합니다. 문제가 없으시면, 격리 후 표면 처리를 하고 레진 시멘트로 접착합니다. 마지막에는 교합(물림)과 발음을 조정해 드립니다."

모범 정답

통역사(JP):「まず試適で色や形を確認します。問題なければ隔離 → 表面処理 → レジンセメントで装着し、最後に噛み合わせと発音を調整します。」

D9) 사후관리(민감 · 음식 · 착색 · 청결 · 가드 · 내원)

연습 스크립트

직원(KR): "처음에는 시린 느낌이 있을 수 있지만, 보통 1~2주면 적응이 됩니다.
딱딱한 음식이나 앞니로 뜯어 먹는 습관은 피해 주세요.
착색이 잘 되는 음식이나 음료는 시술 후 48시간 동안은 특히 주의해 주셔야 합니다.
청결을 위해 치실이나 치간 칫솔을 사용하시고, 이갈이가 있는 경우에는 나이트가드를 권장드립니다.

그리고 1주일 뒤에 한번 내원하시고, 이후에는 3~6개월마다 정기검진을
받아 주세요."

모범 정답

통역사(JP):「最初はしみることがありますが1~2週間で慣れます。硬い物
や前歯で嚙み切ることは避けてください。着色しやすい飲食は48時間注
意。フロスや歯間ブラシで清掃し、歯ぎしりがある方はナイトガードをお
勧めします。1週間後と3~6か月ごとに定期検診をしてください。」

한눈 체크(라미네이트 · 미니멀 프렙)

목표 숫자화: 색(쉐이드), 틈 △mm, 길이 △mm, 개수 △개.

삭제량: 0.1-0.3mm (법랑질 보존).

브럭시즘/염증 선평가 → 가드 · 선치료.

일정: 프렙/임시(1일) → 5-7영업일 기공 → 접착(1일) → 1주 점검.

사후: 48시간 착색 주의, 딱딱한 음식 · 앞니 사용 금지, 치실 · 치간칫솔,
3-6개월 검진.

경고 신호는 증상 + 행동으로 제시.

[OBGYN] 부인과

GY1) 프라이버시 · 주호소 확인

연습 스크립트

직원(KR): 프라이버시를 최대한 지키면서 상담 도와드릴게요. 가장 불편한 점(마찰·운동 시 불편·비대칭·색소 등)을 한두 가지로 말씀해 주실까요?

(연습) 통역사 → JP:

환자(JP):「運動時のこすれと見た目の左右差が気になります」

(연습) 통역사 → KR (1인칭):

모범 정답

통역사(JP):「プライバシーを守りながらご相談します。一番気になる点は、こすれ、運動時の不快感、左右差や色素沈着などでしょうか。」
통역사(KR): 운동할 때 쓸림과 모양의 좌우 차이가 신경 쓰입니다.

GY2) 안전 체크(임신 · 감염 · 약물 · 체질)

연습 스크립트

직원(KR): 임신·수유 여부, 최근 질염/헤르페스 감염, 항응고제·아스피린 복용, 켈로이드 체질/당뇨/흡연 있으신가요?

(연습) 통역사→ JP:

환자(JP):「妊娠・授乳ではありません。薬は飲んでいません。感染症の症状もありません。」

(연습) 통역사→ KR (1인칭):

모범 정답

통역사(JP):「妊娠・授乳の有無、膣炎やヘルペスなどの感染症、抗凝固剤やアスピリンの服用、ケロイド体質・糖尿病・喫煙の有無を確認します。」

통역사(KR): 임신·수유 중 아니고 복용 중인 약은 없으며, 감염 증상 없습니다.

GY3) 옵션 개요

연습 스크립트

의사(KR): "소음순 축소술은 돌출이나 마찰을 줄이고, 모양이나 좌우 차이를 교정하는 수술입니다.

방법은 절제법과 웨지법을 증상에 맞게 조합해서 진행할 수 있고, 저희는 베살리우스 고주파 장비를 사용해서 출혈이나 열 손상을 최소화합니다. 마취는 국소마취나 수면마취 중 선택 가능하고, 수술 당일 귀가가 가능합니다."

(연습) 통역사 → JP:

환자(JP):「出血や腫れが少ない方法を希望します。」

(연습) 통역사 → KR(1인칭):

모범 정답

통역사(JP):「小陰唇縮小術は突出やこすれを減らし、形や左右差を整えます。方法は切除法やウェッジ法を組み合わせ、ベサリウス高周波を使って出血や熱損傷を抑えます。麻酔は局所または静脈麻酔で、当日帰宅が可能です。」

통역사(KR): 출혈과 붓기가 적은 방법을 원합니다.

중요 포인트

기법 이름은 축약, 장비는 "고주파로 출혈 감소" 핵심만 전달.

GY4) 디자인 · 감량(㎜) · 비대칭 조정

연습 스크립트

의사(KR): 자연스러운 모양으로 디자인하고 가장자리 라인과 좌우 비대칭 보정을 표시하겠습니다.

(연습) 통역사 → JP:

모범 정답

통역사(JP):「自然な形になるようにデザインし、縁のラインと左右差の調整をマーキングいたします 。」

중요 포인트

숫자(mm 단위)로 감량 폭 설명.

"완전 대칭은 불가할 수 있음"을 사실대로 고지.

GY5) 수술 전 준비 안내: 생리 · 준비(금식 · 제모)

연습 스크립트

직원(KR): 수면마취 시 물을 포함해서 6시간 금식해 주세요, 생리 기간은 피해서 예약해 주시고 제모는 병원 지침에 따라 주세요.

(연습) 통역사 → JP:

모범 정답

통역사(JP): 「静脈麻酔の場合は、水も含めて6時間絶飲食してください。

生理の期間は避けてご予約ください。

脱毛は病院の指示に従ってください。」

중요 포인트

금식 · 생리 · 제모를 숫자 + 행동으로 짧게 전달.

GY6) 동의서(목적 · 과정 · 위험 · 대안)

연습 스크립트

직원(KR): 수술 방법과 응급 시 대체방법을 안내 드렸습니다. 동의하시면 여기에 성함과 싸인해 주세요.

드물게 출혈 · 혈종 · 감염 · 벌어짐 · 비대칭 · 감각 변화 · 건조감 · 통증 · 흉터가 남을 수 있습니다. 그리고 성교통이 심하시면 추가로 처치가 필요할 수 있습니다.

(연습) 통역사 → JP:

모범 정답

통역사(JP):「手術方法と緊急時の代替方法についてご説明しました。ご同意いただけましたら、こちらにお名前とご署名をお願いいたします。

まれに出血・血腫・感染・傷口の開き・左右差・感覚の変化・乾燥感・痛み・瘢痕が残ることがあります。また、性交時の痛みが強い場合には追加の処置が必要になることがあります。」

중요 포인트

위험·부작용 축약 금지.
모호하면 "의사에게 확인" 필수.

GY7) 수술 준비, 수술 안내(준비 · 마취 · 베살리우스)

연습 스크립트

직원(KR): 가운 착용해 주세요. 핸드폰과 소지품은 캐비넷에 보관해 주세요.
표시 좀 할게요. → 소독합니다. 차갑습니다. → 국소/수면마취 시작하겠습니다.
저희는 베살리우스 고주파로 절제를 하니까 다른 방법에 비해서 출혈이나·부종이 덜 하실 거예요.

(연습) 통역사 → JP:

환자(JP):「わかりました。お願いします。」

모범 정답

통역사(JP):「ガウンにお着替えください。携帯電話やお荷物はロッカーに
お預けください。

マーキングを行います。→ 消毒します、少し冷たいです。→ 局所麻酔 /
静脈麻酔を始めます。

当院ではべサリウス高周波で切除しますので、他の方法に比べて出血や
腫れが少ないのが特徴です。」

통역사(KR): 알겠습니다. 부탁드립니다.

중요 포인트

절차는 순서대로 한 줄 요약.

체감(차가움·따끔함)도 사전 고지.

GY8) 직후 관리(패드·얼음·통증)

연습 스크립트

직원(KR): 수술 직후에는 출혈이 있을 수 있어서 패드를 착용해주세요.

얼음찜질은 10-15분 간격으로 해 주시고 타이트한 옷은 입지 말아 주세
요. 통증이 느껴지시면 NRS 0-10으로 숫자로 알려 주세요.

모범 정답

통역사(JP):「手術直後は出血がある場合がありますので、パッドを着用し

てください。

アイシングは10~15分間隔で行ってください。

きつい服は避けてください。

痛みを感じたら、NRS(0~10)の数字でお知らせください。」

중요 포인트

냉찜질 시간(10-15분), 복장, 통증 평가(NRS) → 숫자 강조.

GY9) 사후관리안내(위생 · 금지 · 재내원)

연습 스크립트

의사/직원(KR): 샤워는 안내를 따라 주시고 좌욕 · 목욕 · 사우나 · 수영은

2주간 금해 주세요.

성행위와 탬폰은 4-6주간은 금해 주세요. 자전거 타기와 승마도 4주 동안

금해 주세요.

가벼운 걷기, 산책은 괜찮으신데 격한 운동은 2주 후부터 해 주세요.

붓기 · 멍은 1-2주정도 갈 거예요. 상처 부위가 자리 잡는 데 2-3개월 정도

걸립니다.

경과 내원은 1주차 때 4-6주차 때 와 주세요. 실밥 제거는 따로 없습니다.

녹는 실로 봉합되어 있어요.

모범 정답

통역사(JP):「シャワーは指示に従って行ってください。座浴・入浴・サウナ・水泳は2週間控えてください。

性行為とタンポンの使用は4~6週間控えてください。自転車や乗馬も4週間は禁止です。

軽い散歩は可能ですが、激しい運動は2週間後からにしてください。

腫れやあざは1~2週間ほど続くことがあります。傷口が安定するまでには2~3か月かかります。

経過の受診は1週目と4~6週目にお越しください。抜糸は不要で、溶ける糸で縫合されています。」

중요 포인트

언제/무엇 금지 → 숫자 + 행동으로.

회복 기간(1-2주, 2-3개월) 명시.

[APP1] 포켓 프레이즈(KR⇄JP) 120문

상황별로 바로 쓰는 짧은 문장. 한국어·일본어 나란히 제시합니다.

A. 접수·첫인사(1-10)

1. KR: 안녕하세요. ○시 예약하신 ○○님이실까요?

   JP:「こんにちは。○時にご予約の○○様でいらっしゃいますか。」

2. KR: 처음 방문이신가요, 재방문이신가요?

   JP:「本日は初診でしょうか、再診でしょうか。」

3. KR: 잠시 여권을 확인해도 될까요?

   JP:「パスポートを拝見してもよろしいでしょうか。」

4. KR: 성함은 여권 표기대로 확인하겠습니다.

   JP:「お名前は旅券表記どおりで確認いたします。」

5. KR: 편하게 앉아 계세요. 곧 안내드릴게요.

   JP:「どうぞお掛けになってお待ちください。すぐご案内します。」

6. KR: 혹시 통역이 필요하시면 말씀해 주세요.

JP:「通訳が必要な場合はお申し付けください。」

7. KR: 긴장이 되실 수 있어요. 차분히 진행하겠습니다.

   JP:「緊張されるかもしれませんが、落ち着いて進めてまいります。」

8. KR: 연락 가능한 전화번호를 알려 주세요.

   JP:「ご連絡可能なお電話番号をお知らせください。」

9. KR: 오늘 동행인이 있으신가요?

   JP:「本日ご同行の方はいらっしゃいますか。」

10. KR: 안내 문자를 보내 드려도 될까요?

   JP:「ご案内のメッセージをお送りしてもよろしいでしょうか。」

B. 서류 · 차트(11-20)

11. KR: 기본 차트를 작성해 주세요. 모르면 비워 두셔도 됩니다.

   JP:「基本の問診票にご記入ください。わからない欄は空欄で結構です。」

12. KR: 과거 병력과 수술 이력을 적어 주세요.

   JP:「既往歴と手術歴をご記入ください。」

13. KR: 복용 중인 약이 있으신가요?

   JP:「現在服用中のお薬はありますか。」

14. KR: 알레르기가 있으신가요?

   JP:「アレルギーはおありですか。」

15. KR: 임신 · 수유 중이신가요?

   JP:「妊娠・授乳中でしょうか。」

16. KR: 켈로이드 체질이신가요?

JP:「ケロイド体質はありますか。」

17. KR: 최근 강한 일광 노출이 있었나요?

JP:「最近、強い日光曝露はありましたか。」

18. KR: 헤르페스 병력이 있으신가요?

JP:「ヘルペスの既往はありますか。」

19. KR: 응급 연락처를 적어 주세요.

JP:「緊急連絡先をご記入ください。」

20. KR: 개인정보는 병원 규정에 따라 안전하게 보관됩니다.

JP:「個人情報は院内規定に基づき安全に管理いたします。」

C. 증상·목표(21-30)

21. KR: 오늘 가장 고민되는 점을 한 가지로 말씀해 주세요.

JP:「本日一番気になる点を一つ教えてください。」

22. KR: 자연스러운 변화와 또렷한 변화 중 무엇을 원하시나요?

JP:「自然な変化と、はっきりした変化のどちらをご希望ですか。」

23. KR: 다운타임은 며칠까지 괜찮으세요?

JP:「ダウンタイムは何日まで許容できますか。」

24. KR: 통증에 민감하신 편인가요?

JP:「痛みに敏感な方でしょうか。」

25. KR: 예산 범위를 알려 주실 수 있을까요?

JP:「ご予算の範囲をお知らせいただけますか。」

26. KR: 일정상 꼭 피해야 하는 날짜가 있나요?

JP:「日程上、避けたいお日にちはありますか。」

27. KR: 이전 시술 후 반응은 어떠셨나요?

JP:「以前の施術後の反応はいかがでしたか。」

28. KR: 피부가 민감한 편이신가요?

JP:「お肌は敏感な方ですか。」

29. KR: 수술보다 시술 위주로 원하시나요?

JP:「手術より施術を中心にご希望でしょうか。」

30. KR: 결과에 대한 기대치를 맞춰 보겠습니다.

JP:「仕上がりのご期待をすり合わせいたします。」

D. 안전 체크(31-40)

31. KR: 항응고제나 아스피린 복용 중이신가요?

JP:「抗凝固薬やアスピリンなどを服用中ですか。」

32. KR: 이소트레티노인 복용 이력이 있나요(과거 6-12개월)?

JP:「過去6〜12か月以内のイソトレチノインの服用歴はありますか。」

33. KR: 최근 감염성 질환은 없으셨나요?

JP:「最近、感染性疾患はありませんでしたか。」

34. KR: 상처가 잘 곪는 편이신가요?

JP:「傷が化膿しやすい体質ですか。」

35. KR: 마취에 이상 반응을 겪은 적이 있나요?

JP:「麻酔で異常反応を経験されたことはありますか。」

36. KR: 흡연·전자담배는 하시나요?

JP:「喫煙·電子タバコはされていますか。」

37. KR: 콘택트렌즈는 지금 빼셨나요?

JP:「コンタクトレンズは外されていますか。」

38. KR: 금식이 필요한 경우 지키실 수 있으실까요?

JP:「絶食が必要な場合、守っていただけますか。」

39. KR: 알코올 섭취는 최근에 없으셨나요?

JP:「最近の飲酒はありませんでしたか。」

40. KR: 의사 판단이 필요해 바로 연결하겠습니다.

JP:「医師の判断が必要ですので、すぐおつなぎします。」

E. 검진·촬영·검사(41-50)

41. KR: 상담 전 사진 촬영을 하겠습니다.

JP:「ご相談前に写真撮影を行います。」

42. KR: 메이크업과 악세서리를 잠시 제거해 주세요.

JP:「メイクとアクセサリーを一時的に外してください。」

43. KR: 이쪽으로 모시겠습니다. 촬영실입니다.

JP:「こちらへどうぞ。撮影室にご案内します。」

44. KR: 머리띠를 착용해 주시겠어요?

JP:「ヘアバンドの着用をお願いします。」

45. KR: 3D CT 촬영을 진행하겠습니다.

JP:「3D CTの撮影を行います。」

46. KR: 움직이지 말고 정면을 바라봐 주세요.

JP:「動かずに正面をご覧ください。」

47. KR: 플래시가 터질 수 있습니다.

JP:「フラッシュが光ることがあります。」

48. KR: 촬영은 치료 기록용입니다.

JP:「撮影は治療記録のためです。」

49. KR: 검사 소요 시간은 약 ○○분입니다.

JP:「検査所要時間は約○○分です。」

50. KR: 끝나면 대기실로 안내드리겠습니다.

JP:「終了後、待合へご案内します。」

F. 상담·설명·확인(51-60)

51. KR: 지금부터 설명드리고 질문을 받겠습니다.

JP:「これから説明し、ご質問にお答えします。」

52. KR: 가능한 것과 어려운 점을 구분해서 말씀드립니다.

JP:「可能な点と難しい点を分けてお伝えします。」

53. KR: 효과와 한계, 대체 옵션을 함께 설명하겠습니다.

JP:「効果・限界・代替案を併せてご説明します。」

54. KR: 회복 기간은 보통 ○○일입니다.

   JP:「回復期間は通常○○日です。」

55. KR: 부작용은 드물지만 ○○가 있을 수 있습니다.

   JP:「副作用はまれですが、○○が起こり得ます。」

56. KR: 지금까지 이해되셨는지 확인할게요.

   JP:「ここまでのご理解を確認いたします。」

57. KR: 중요한 점만 다시 요약해 드리겠습니다.

   JP:「要点をもう一度要約いたします。」

58. KR: 혹시 더 궁금하신 점이 있을까요?

   JP:「ご不明点はございますか。」

59. KR: 동의서에 그 내용이 포함되어 있습니다.

   JP:「その内容は同意書に含まれています。」

60. KR: 안전을 위해 오늘은 이 범위로 권합니다.

   JP:「安全のため本日はこの範囲をお勧めします。」

G. 비용·결제·면세(61-70)

61. KR: 기본 비용은 ○○만 원이며, KRW 기준입니다.

   JP:「基本料金は○○万ウォンで、KRW基準です。」

62. KR: 마취/재진/소모품은 (포함/별도)입니다.

   JP:「麻酔 / 再診 / 消耗品は(込み / 別)です。」

63. KR: 최종 금액은 대면 평가 후 확정됩니다.

JP:「最終金額は対面評価後に確定します。」

64. KR: 결제는 현금과 국내/海外 카드가 가능합니다.

JP:「お支払いは現金、国内 / 海外カードが可能です。」

65. KR: 분할 가능 여부는 규정 확인 후 안내드리겠습니다.

JP:「分割可否は規定を確認の上ご案内いたします。」

66. KR: 면세 적용은 조건 확인이 필요합니다.

JP:「免税適用には条件確認が必要です。」

67. KR: 여권 확인 후 진행하겠습니다.

JP:「旅券確認後に手続きいたします。」

68. KR: 영수증은 이메일/종이 중 선택 가능합니다.

JP:「領収書はメール / 紙のいずれかをお選びいただけます。」

69. KR: 환불·변경 규정은 이 문서에 안내되어 있습니다.

JP:「返金·変更規定はこの書面に記載しています。」

70. KR: 궁금하신 비용 항목이 있으실까요?

JP:「料金項目でご不明点はございますか。」

H. 시술 · 수술 전 준비(71-80)

71. KR: 탈의실에서 가운으로 갈아입어 주세요.

JP:「更衣室でガウンにお着替えください。」

72. KR: 귀중품은 개인 보관 부탁드립니다.

JP:「貴重品は各自で管理をお願いします。」

73. KR: 시술 전 세안이 필요합니다.

   JP:「施術前に洗顔が必要です。」

74. KR: 콘택트렌즈와 악세서리를 제거해 주세요.

   JP:「コンタクトとアクセサリーを外してください。」

75. KR: 금식이 필요하니 물도 삼가 주세요.

   JP:「絶食が必要ですので、水分もお控えください。」

76. KR: 마취 크림을 바르고 ○○분 대기합니다.

   JP:「麻酔クリームを塗布後、○○分お待ちいただきます。」

77. KR: 차갑거나 따끔하게 느껴질 수 있어요.

   JP:「冷たさやチクッとした感覚がある場合があります。」

78. KR: 불편하시면 바로 말씀해 주세요.

   JP:「ご不快があればすぐお知らせください。」

79. KR: 지금부터 동의서를 설명드리겠습니다.

   JP:「これから同意書の説明をいたします。」

80. KR: 서명은 내용을 이해하신 후에 부탁드립니다.

   JP:「内容をご理解の上でご署名をお願いします。」

I. 시술·수술 중 안내(81-90)

81. KR: 눈을 감고 움직이지 말아 주세요.

   JP:「目を閉じて、動かないでください。」

82. KR: 깊게 숨을 쉬어 주세요.

JP:「深呼吸をしてください。」

83. KR: 따끔할 수 있지만 곧 괜찮아집니다.

  JP:「チクッとしますが、すぐ落ち着きます。」

84. KR: 통증이 있으면 바로 말씀해 주세요.

  JP:「痛みがあればすぐお知らせください。」

85. KR: 고개를 조금만 왼쪽으로 돌려 주세요.

  JP:「お顔を少し左に向けてください。」

86. KR: 이제 절반 정도 진행되었습니다.

  JP:「ただいま半分ほど進んでいます。」

87. KR: 곧 마무리하겠습니다.

  JP:「まもなく終了します。」

88. KR: 출혈 방지를 위해 압박하겠습니다.

  JP:「出血予防のため圧迫します。」

89. KR: 기침이나 재채기 전에는 알려 주세요.

  JP:「咳やくしゃみの前にお知らせください。」

90. KR: 안전을 위해 대화는 짧게 하겠습니다.

  JP:「安全のため会話は最小限にいたします。」

J. 시술·수술 후·퇴원(91-100)

91. KR: 오늘은 세안을 피하고 자외선 차단제를 꼭 사용해 주세요.

  JP:「本日は洗顔を控え、必ず日焼け止めをご使用ください。」

92. KR: 냉찜질은 48시간 권장합니다.

　　JP:「冷却は48時間を目安に行ってください。」

93. KR: 메이크업은 ○○일부터 가능해요.

　　JP:「メイクは○○日後から可能です。」

94. KR: 약은 하루 ○회, 식후에 ○일간 복용하세요.

　　JP:「お薬は1日○回、食後に○日間服用してください。」

95. KR: 연고는 얇게 바르고 드레싱을 교체해 주세요.

　　JP:「軟膏は薄く塗り、ドレッシングを交換してください。」

96. KR: 음주·사우나는 ○○일까지 피해 주세요.

　　JP:「飲酒·サウナは○○日までお控えください。」

97. KR: 운전은 오늘은 피하시는 게 안전합니다.

　　JP:「本日の運転はお控えいただくのが安全です。」

98. KR: 이상이 있으면 이 번호로 바로 연락 주세요.

　　JP:「異常があればこの番号へすぐご連絡ください。」

99. KR: 택시 호출을 도와드릴까요?

　　JP:「タクシーの手配をいたしましょうか。」

100. KR: 퇴원 서류와 영수증을 준비해 드리겠습니다.

　　JP:「退院書類と領収書をご用意いたします。」

K. 재진 · 예약 · 연락(101-110)

101. KR: 재진은 ○월 ○일(○) ○시에 가능하실까요?

JP:「再診は〇月〇日(〇)〇時でいかがでしょうか。」

102. KR: 날짜와 시간을 다시 확인해 드릴게요.

JP:「日付とお時間をもう一度確認いたします。」

103. KR: 온라인 상담이 필요하시면 연결해 드립니다.

JP:「オンライン相談が必要であればおつなぎします。」

104. KR: 사진 전송은 이 채널로 부탁드립니다.

JP:「お写真の送付はこのチャネルでお願いいたします。」

105. KR: 예약 변경은 최소 〇〇시간 전에 부탁드립니다.

JP:「予約変更は少なくとも〇〇時間前までにお願いします。」

106. KR: 대기 시간이 길어 죄송합니다.

JP:「お待たせして申し訳ございません。」

107. KR: 곧 호출해 드리겠습니다.

JP:「まもなくお呼びいたします。」

108. KR: 오늘 결정 사항을 요약해 드립니다.

JP:「本日の決定事項を要約いたします。」

109. KR: 다음 내원 전 지참물을 안내드릴게요.

JP:「次回来院時の持ち物をご案内します。」

110. KR: 이해하신 내용이 맞는지 마지막으로 확인하겠습니다.

JP:「ご理解内容が合っているか最後に確認いたします。」

111. KR: 통증이 0-10 중 7 이상이면 즉시 연락해 주세요.

   JP:「痛みが0~10で7以上の場合は直ちにご連絡ください。」

112. KR: 38도 이상 열이 나면 바로 내원해 주세요.

   JP:「38℃以上の発熱があればすぐ受診してください。」

113. KR: 악취가 나는 분비물이 지속되면 위험 신호입니다.

   JP:「悪臭のある分泌が続く場合は警告サインです。」

114. KR: 시야 변화나 심한 어지럼이 있으면 즉시 연락해 주세요.

   JP:「視野の変化や強いめまいがあれば直ちにご連絡ください。」

115. KR: 호흡 곤란이 느껴지면 119/응급실을 이용해 주세요.

   JP:「呼吸困難を感じたら119 / 救急外来をご利用ください。」

116. KR: 출혈이 멈추지 않으면 압박 후 바로 연락해 주세요.

   JP:「出血が止まらない場合は圧迫の上、すぐご連絡ください。」

117. KR: 심한 비대칭이나 급격한 붓기가 생기면 사진과 함께 연락 주세요.

   JP:「著しい左右差や急な腫れが出た場合は写真と併せてご連絡くだ
   さい。」

118. KR: 약 복용 후 심한 발진이 있으면 복용을 중단하고 연락해 주세요.

   JP:「服薬後に強い発疹が出たら内服を中止しご連絡ください。」

119. KR: 렌즈 착용 시 통증·충혈이 심하면 즉시 빼고 연락해 주세요.

   JP:「レンズ装用時に痛み·充血が強ければすぐ外してご連絡ください。」

120. KR: 안내받은 비상 연락처를 휴대폰에 저장해 주세요.

   JP:「ご案内した緊急連絡先を携帯に保存してください。」

일본어를 못해도 괜찮아요!
원내 스태프용 응대 표현집

기본 인사 & 안내

- 안녕하세요 → こんにちは (콘니치와)

- 감사합니다 → ありがとうございます (아리가또- 고자이마스)

- 잠시만 기다려 주세요 → 少々お待ちください (쇼-쇼- 오마치 쿠다사이)

- 저쪽에 앉아 기다려 주세요 → あちらに座ってお待ちください (아치라니 스왓떼 오마치 쿠다사이)

- 괜찮으세요? → 大丈夫ですか？ (다이조-부 데스카)

- 통증은 없으세요? → 痛みはありませんか？ (이타미와 아리마센카)

- 불편하신 점은 없으세요? → ご不便な点はございませんか？ (고후벤나 텐와 고자이마센카)

접수 & 확인

- 성함이 어떻게 되세요? → お名前を伺ってもよろしいですか？ (오나

마에 오 우카갓떼모 요로시이 데스카)

- 성함 부탁드립니다 → お名前をお願いします (오나마에 오 오네가이
시마스)

- 여권 주세요 → パスポートをお願いします (파스포-토 오 오네가이 시
마스)

- 여권 보여 주세요 → パスポートを見せてください (파스포-토 오 미세
테 쿠다사이)

진료·상담 안내

- 통역사가 곧 옵니다 → 通訳がまもなく来ます (츠-야쿠가 마모나쿠 키
마스)

- 상담실로 안내해 드리겠습니다 → ご相談室へご案内します (고소-단
시츠 에 고안나이 시마스)

- 잠시 후 원장님이 오십니다 → まもなく院長がお見えになります (마모
나쿠 인쵸-가 오미에 니 나리마스)

- 곧 시작하겠습니다 → まもなく始めます (마모나쿠 하지메마스)

- 시술 중에는 움직이지 말아 주세요 → 施術中は動かないでください
(세쥬츠츄-와 우고카나이데 쿠다사이)

- 통증이 있으면 말씀해 주세요 → 痛みがあればお知らせください (이타
미가 아레바 오시라세 쿠다사이)

예약 & 일정

- 다음 예약 안내드립니다 → 次回のご予約をご案内します (지카이노 고 요야쿠 오 고안나이 시마스)
- 내일 오후 3시 가능합니다 → 明日の午後3時が可能です (아시타노 고 고 산지 가 카노-데스)
- 예약 변경을 원하시나요? → ご予約の変更をご希望ですか？ (고요야 쿠노 헨코- 오 고키보- 데스카)
- 경과 확인을 위해 내원 부탁드립니다 → 経過確認のためご来院ください (케-카 카쿠닌노 타메 고라이인 쿠다사이)

치료 · 사후 안내

- 붓기 레이저 치료 안내드립니다 → 腫れ引きレーザー治療をご案内します (무쿠미 레-자- 치료 오 고안나이 시마스)
- 오늘은 세안, 메이크업은 피해 주세요 → 本日は洗顔·メイクはお控えください (혼지츠와 센간 메이크와 오히카에 쿠다사이)
- 주의사항을 꼭 지켜 주세요 → 注意事項を必ずお守りください (추-이 지코- 오 카나라즈 오마모리 쿠다사이)
- 끝났습니다 → 終わりました (오와리마시타)
- 오늘은 편히 쉬어 주세요 → 本日はゆっくりお休みください (혼지츠와 윳쿠리 오야스미 쿠다사이)

결제 & 안내

- 결제 도와드리겠습니다 → お会計をお手伝いします (오카이케이 오
  오테츠다이 시마스)
- 현금과 카드 중 어떤 걸로 하시겠어요? → 現金とカード、どちらになさ
  いますか？ (겐킨토 카도 도치라니 나사이마스카)
- 영수증 필요하신가요? → 領収書はご入用ですか？ (료-슈-쇼와 고뉴-
  요 데스카)

안내·이동 관련

- 이쪽으로 오세요 → こちらへどうぞ (코치라에 도-조)
- 저쪽으로 이동해 주세요 → あちらへお願いします (아치라에 오네가이
  시마스)
- 엘리베이터는 이쪽입니다 → エレベーターはこちらです (에레베-타-
  와 코치라데스)
- 계단 조심하세요 → 階段にお気をつけください (카이단니 오키오츠케
  쿠다사이)

마무리 인사

- 안녕히 가세요 → さようなら (사요-나라)

- 또 뵙겠습니다 → またお会いしましょう (마타 오아이 시마쇼-)

- 상담에 와 주셔서 감사합니다 → ご相談にお越しいただきありがとう
  ございます (고소-단니 오코시 이타다키 아리가또- 고자이마스)

- 잘 검토 부탁드립니다 → ご検討のほど、よろしくお願いいたします
  (고켄토-노 호도, 요로시쿠 오네가이 이타시마스)

글을 마치며

돌아보면, 2020년은 제 인생의 방향을 바꾼 해였습니다.

일본어를 가르치던 제가 병원 통역사로 전직을 했고,

적응할 틈도 없이 코로나로 인해 그야말로 '멈춘 세상' 속에서 시작을 맞이했습니다.

운이 좋았다고 해야 할까요.

온라인 상담은 꾸준히 이어졌고, 전문 용어와 병원 상담에 익숙해질 즈음엔 일본인 환자분들이 조금씩 한국으로 발걸음을 옮기기 시작했습니다.

한 분 한 분 최선을 다해 응대하며, 저 또한 성장해갔습니다.

일본어에는 익숙했지만, 병원의 시스템과 절차는 모든 것이 낯설었습니다.

매 순간 배우며 버텼고, 그 시간은 긴장의 연속이자 성장의 연속이었습니다.

온라인 상담을 하고, 내원 상담을 하고, 수술 통역과 귀국 후 고민상담까지— 단계마다 시행착오를 겪었지만,

그 안에서 저는 '한일 양국의 다리'라는 제 역할에

점점 더 큰 자부심과 보람을 느끼게 되었습니다.

병원은 생각보다 훨씬 다이내믹한 공간입니다.

환자의 한마디, 의료진의 한 문장. 그 사이를 어떻게 잇느냐에 따라 오해가 신뢰로 바뀌고, 불안이 만족으로 바뀝니다.

의료 통역사의 일은 단순한 언어 변환이 아니라,

환자와 의료진을 잇는 '신뢰의 다리'임을 저는 현장에서 배웠습니다.

이 책은 그런 현장의 좌충우돌을 정리해, 누구나 바로 적용할 수 있는 문장과 절차로 묶어보려는 시도입니다.

일본어를 오래 공부했지만

'어디서부터 시작해야 할지' 막막한 분들께,

"지금 여기서, 이 한 문장부터"라는 작은 출발선이 되기를 바랍니다.

저는 사람과 사람 사이의 소통은 끝내 기계로 대체될 수 없다고 믿습니다.

특히 의료 현장에서 통역사는 정확성과 따뜻함을 동시에 전하는 존재입니다.

이 책이 여러분의 하루를 조금 덜 긴장되게, 환자의 하루를 조금 더 안심되게 만드는 데 작은 도움이 되기를 바랍니다.

시간을 내어 이 책을 펼쳐 주신 여러분께 진심으로 감사드립니다. 여러분의 다음 한 걸음을, 마음 깊이 응원합니다.

감사의 말

무엇보다도 93세에도 여전히 책을 읽고 글을 쓰시는 아버지, 그리고 하늘나라에 계신 어머니께 깊이 감사드립니다.

늘 곁에서 응원해 준 재형 씨, 제 삶의 중심인 유진, 그리고 나엘에게도 고마운 마음을 전합니다. 가족의 묵묵한 지지가 있었기에 지금의 제가 있을 수 있었습니다.

첫 의료통역가로서 저를 믿고 채용해주신 서울리스타 과장님, 코로나 기간에도 기다려 주신 원장님, 그리고 우아인성형외과 박철우 원장님께 감사드립니다. 또한 조혜경 팀장님, 염지효 실장님, 글로벌 마케팅팀 하은지님과 함께하며 많은 배움을 얻었습니다.

특히 박철우 원장님께서는 제게 신뢰와 격려, 그리고 기회를 주셔서 다시 힘을 낼 수 있었습니다.

나를 위한 산부인과 원장님과 이사님, 원더풀 성형외과 일본마케팅팀 권지연님께도 감사드립니다.

또한 새로운 기회와 배움의 길을 열어 주신 메디힌트 신연호 대표님께 깊이 감사드립니다. 이 책이 현장에서 실질적으로 활용될 수 있도록 방향을 잡아 주셨습니다.

마지막으로 늘 응원해 주신 글로벌커뮤니케이션 리즈 팀장님, 지 매니저님, 그리고 동료들 비비, 미첼, 레이께도 감사드립니다.

한일 병원
통역사 교육서

ⓒ 이윤혜, 2026

초판 1쇄 발행 2026년 1월 29일

지은이   이윤혜
펴낸이   이기봉
편집   좋은땅 편집팀
펴낸곳   도서출판 좋은땅
주소   서울특별시 마포구 양화로12길 26 지월드빌딩 (서교동 395-7)
전화   02)374-8616~7
팩스   02)374-8614
이메일   gworldbook@naver.com
홈페이지   www.g-world.co.kr

ISBN   979-11-388-5337-8 (13730)